AF559332

Aus Omas Kochbuch
Fast vergessene Rezepte

Elisabeth Ruckser

Aus Omas Kochbuch

FAST VERGESSENE REZEPTE

3. Auflage 2021

Gesetzt aus der Hoefler und Whitney.

Medieninhaber, Verleger und Herausgeber:
Red Bull Media House GmbH
Oberst-Lepperdinger-Straße 11–15
5071 Wals bei Salzburg, Österreich

Gestaltung und Satz: BoutiqueBrutal.com
Lektorat: Hannes Hessenberger (Ltg.), Petra Hannert, Billy Kirnbauer-Walek, Klaus Peham, Mag. Vera Pink
Fotos: Eisenhut & Mayer

Printed by PNB Print Ltd in Riga, Latvia

ISBN 978-3-7104-0140-4

Inhalt

Kochen wie damals

Vorwort

Sie waren die Chefinnen in ihren Haushalten, und ihre Kochkünste wurden zuweilen weithin gerühmt. Sie kochten Tag für Tag für ihre Familien, tischten Kost für „olle Tag" ebenso auf wie ganz spezielle Köstlichkeiten an hohen Feiertagen. Manche ihrer Lebensläufe kennen wir bis heute, weil sie von Generation zu Generation weitererzählt wurden. Vor allem aber kennen wir ihre Rezepte, ihre persönlichen Geheimnisse einer „guten Küche", die aufgeschrieben oder auch nur mündlich überliefert die Zeit überdauerten.

Frauen vergangener Generationen kochten für ihre Kinder, Ehemänner, für Brüder, Schwestern, Knechte, Mägde oder Tagelöhner, vielleicht sogar für die Mitarbeiter eines kleinen Familienbetriebs. Zehn Leute beim Mittagstisch waren keine Seltenheit, und entsprechend groß war der Aufwand, wenn es galt, ein Essen für alle zuzubereiten. Und ja, es waren bis auf ganz wenige Ausnahmen stets die Frauen, die Mütter, die Großmütter, die ihre Familien ernährten; oft mit bescheidenen Mitteln und selbst in widrigsten Zeiten. Sie nahmen, „was es gerade gab", legten klug Vorräte an und gingen behutsam mit den Gaben um, die Mutter Natur zur Verfügung stellte.

Rezepte wurden gewissenhaft aufgeschrieben, Kochbücher feinsäuberlich in Küchenladen aufbewahrt, und so manche Seite daraus trug mit den Jahren deutliche Spuren des Gebrauchs. Manche Gerichte existierten in abenteuerlicher Schreibweise – es wurde so geschrieben, „wie man's spricht" –, und vieles wurde nur mündlich weitergegeben. Wozu aufschreiben? Alles, was an Erfahrung zählte, um ein gutes Mahl zuzubereiten, hatte man schließlich im Kopf und „im G'spür".

Dass diese kulinarischen Schätze nicht verloren gegangen sind, ist nachfolgenden Generationen zu verdanken, die irgendwann mit der Bitte „Du musst mir sagen, wie du das machst" in der Küche standen – und hartnäckig nachfragten, bis selbst die kleinsten Einzelheiten geklärt waren, die den Köchinnen stets so selbstverständlich erschienen. „Das ist doch wirklich nichts Besonderes", sagen unsere Omas heute noch gern. Wir sagen: Doch, das ist es! Es ist unser aller kulinarisches Erbe.

Seit seiner ersten Ausgabe bittet das Magazin *Servus in Stadt & Land* Leserinnen und Leser um diese „fast vergessenen" Rezepte. Gerichte, deren Aufzeichnungen aus dem Familienfundus stammen, auf Dachböden oder in vergilbten Schachteln im Keller lagerten oder auch ganz zufällig bei der genüsslichen Lektüre eines antiquarischen Kochbuchs „wiederentdeckt" wurden.

In diesem Buch sind jene kulinarischen Schätze versammelt, die wir gemeinsam gehoben haben. Ergänzt durch Rezepte für traditionelle Vorratshaltung, die aus historischen Kochbüchern und in Gesprächen mit Fachleuten recherchiert und aufgezeichnet wurden.

Es sind Gerichte, die zum Teil viele Jahrzehnte alt sind und dennoch absolut zeitgemäß und in ihrer Einfachheit ebenso bestechend wie in ihrer Kreativität. Ein herzliches Dankeschön allen Einsenderinnen und Einsendern, ohne die dieses Buch nicht zustande gekommen wäre! Danke für die Fastenspeisen und Feiertagstorten, für die Suppen, Strudel, Sonntagsbraten und vieles mehr.

Die einzelnen Beiträge stammen aus den österreichischen *Servus*-Magazinen und ihren bayerischen Schwester-Ausgaben, die Sprache wurde dabei ganz bewusst im jeweiligen Lokalkolorit belassen. So gibt es einmal *Quark* und ein andermal *Topfen* – im „Kulinarischen Wörterbuch" im Anhang finden Sie dazu die jeweiligen „Übersetzungen".

Aufgezeichnet wurden die Geschichten rund um die Gerichte von Autorin Elisabeth Ruckser sowie von Heidi Schmidt und Heidi Knoblich in Deutschland, außerdem von Klaus Kamolz, Uschi Korda, Gerhard Leeb, Andreas Oberndorfer und Katharina Seiser in Österreich.

In diesem Sinne: Wir wünschen viel Spaß beim Schmökern und gutes Gelingen beim Nachkochen!

PS: Und warum hat's bei Oma immer am besten geschmeckt? Weil sie – trotz aller anderen Arbeit – einfach immer Zeit fürs Kochen hatte!

Zur Suppe

Kräftig, wärmend, gschmackig –
bitte noch einen Schöpfer …

Lavanttaler Leberlan

Eine herbstliche Spezialität aus Unterkärnten: gebackene Germteigknöderln mit Innereienfülle, die in der Suppe serviert wurden.

Ein langer, köstlicher Heimweg
Sie waren vor allem eines, und zwar im doppelten Wortsinn: heiß begehrt. Jeden Samstag wurden die Leberlan in der Fleischerei Poppmeier in St. Andrä im Lavanttal nach dem Originalrezept der Großtante frisch zubereitet. Wenn Petra Torker in Kindheitstagen losgeschickt wurde, um sie einzukaufen, konnte es gut sein, dass nicht mehr alle daheim ankamen. „Die haben einfach zu gut geschmeckt, direkt aus dem Sackerl raus und noch warm", erinnert sie sich mit einem Schmunzeln. Die Leberlan, die es bis nach Hause schafften, wurden dann in einer klaren Suppe zum Mittagessen der Familie serviert.

Das Geheimnis von St. Andrä
Für die Original Lavanttaler Leberlan wird ein einfacher Germteig zubereitet, vorzugsweise ohne Zucker, damit er nicht zu sehr aufgeht. Die Fülle besteht aus Beuschel, Zwiebel, Ei und Gewürzen. Damit werden kleine buchtelartige Knöderln geformt und im heißen Rohr gebacken. Verspeist wurden sie in der Suppe oder mit Sauerkraut.

Übrigens: Die Leberlan aus St. Andrä bargen ein Geheimnis. Petra Torker: „Ich bin mit dem Sohn der Fleischhauerfamilie in die Schule gegangen und habe ihn viele Jahre später bei einem Klassentreffen um das Rezept gebeten." Wir dürfen es hiermit verraten: Im Gegensatz zu anderen Varianten wird die Zwiebel nicht roh, sondern in gerösteter Form verarbeitet.

Laberl, Hügel, Lebermeer
Leberlan waren jedenfalls einst ein typisches Lavanttaler Schlachttagsessen, eng verwandt mit den Saumaisen, die in Kärnten *Maischalan* heißen. Verwertet wurde bei ihrer Herstellung, was anfiel: Innereien, Kopffleisch und Ähnliches. Allerdings findet sich in den allermeisten alten Leberlan-Rezepten – anders als der Name vermuten ließe – keinerlei Leber. Die Bezeichnung dürfte vielmehr auf das Wort „Laberl" oder „Laibchen" zurückgehen. Oder es liegt ihnen, ähnlich wie beim Leberkäse, das mittelhochdeutsche Wort *lêwer* zugrunde, das auch „Hügel" bedeutet. Und geht man noch weiter in der Geschichte zurück, so landet man beim Begriff *lëbere*, einem Ausdruck für eine gestockte Masse, den man auch in alten Dichtungen finden kann: als sagenhaften Begriff vom Lebermeer, einem „geronnenen Meer".

Zutaten

FÜR DEN TEIG
20 g Germ (½ Packerl)
125 ml Wasser (oder Milch)
300 g Weizenmehl, ½ TL Salz

FÜR DIE FÜLLE
500 g Schweinsbeuschel
1–2 Lorbeerblätter
4–5 Wacholderkörner
Salz, 6 Pfefferkörner
1 Ei, 3 Knoblauchzehen
50 g geröstete Zwiebeln
Pfeffer, Majoran

1 Schweinsnetz zum Einwickeln
Schmalz für die Backform
Kerbel zum Bestreuen

Zubereitung

1. Für den Germteig ein Dampfl aus Germ, Wasser und etwas Mehl ansetzen und an einem warmen Ort etwa 30 Minuten gehen lassen. Wenn das Dampfl aufgegangen ist, mit dem restlichen Mehl und Salz vermischen und zu einem festen Germteig kneten. Noch einmal etwa 1 Stunde gehen lassen.
2. In der Zwischenzeit Beuschel mit Lorbeer, Wacholder, Salz und Pfefferkörnern weich kochen, aus dem Sud nehmen und faschieren.
3. Etwas überkühlen lassen, mit Ei, gepresstem Knoblauch und Röstzwiebeln vermischen, salzen, pfeffern und gut mit Majoran würzen. Fülle kurz kalt stellen.
4. Aus dem Germteig eine Rolle von ca. 5 cm Durchmesser formen. Kleine Stücke davon abzwicken, etwas flach drücken, mit jeweils einem Löfferl Fülle belegen und zu Knöderln drehen.
5. Schweinsnetz wässern, in Quadrate von etwa 10 cm Seitenlänge teilen und jedes Knöderl mit einem Stück umhüllen. Mit der Nahtstelle nach unten in eine mit etwas zerlassenem Schmalz gefettete Auflaufform setzen. Etwas Platz zwischen den Stücken lassen, dann die Leberlan noch einmal etwa 30 Minuten aufgehen lassen.
6. Im Rohr bei 180 °C auf Sicht backen, bis sie goldbraun sind, in einer klaren Rindsuppe servieren und mit Kerbel bestreuen.

Kühkas-Suppe aus dem Bayerischen Wald

Lange wurde die Sauerampfersuppe nicht mehr gekocht, bis Rupert Berndl aus Waldkirchen in seinem Heimatort ein altes Rezept wiederentdeckte – handschriftlich überliefert aus dem 19. Jahrhundert.

Marias Rezept

Nein, er kennt das Rezept nicht aus seiner Kindheit. Er hat auch niemanden getroffen, der es kennt. Dennoch ist Heimatforscher Rupert Berndl sicher, dass die Suppe früher oft gegessen wurde, zumindest im 19. Jahrhundert.

Gleich zwei Nachweise hat er dafür: ein handgeschriebenes Rezeptbuch der Saßbacherin Maria Reschauer, einer Bäuerin aus seinem Heimatort Waldkirchen, und ein 750-seitiges bürgerliches Kochbuch vom Gasthof Meindl, der einst mitten in Waldkirchen stand – beide Rezepte stammen aus dem 19. Jahrhundert. Die „Kühkas-Suppe" ist also wahrlich ein fast vergessenes Rezept.

Brühe & Wasserschnoizn

Mit „Kühkas" wird im Bayerischen Wald übrigens der Sauerampfer bezeichnet. Das Rezept variiert in beiden Büchern, allerdings nur im Detail: Die Bäuerin gab als Grundlage eine Einbrenne an, die bürgerlichen Köchinnen im Gasthaus verwendeten Rinderbrühe.

Dann fand Rupert Berndl auch noch heraus, dass es die Suppe bei Tagelöhnern mit einer einfachen sogenannten Wasserschnoizn gab, einer leeren Brühe – und schon hatte er ein schönes Beispiel dafür, dass Rezepte immer auch Rückschlüsse auf die Lebensumstände der Menschen zulassen. Das war früher sehr viel deutlicher als heute.

Ursprünglich war das Rezept vor allem für Selbstversorger, wie es im 19. Jahrhundert viele Bauern im Bayerischen Wald waren. Dort kam und kommt immer auch dazu, dass der Sauerampfer lang wächst und oft nicht gemäht wird.

Ran an den Topf

Weil er nun niemanden hat ausfindig machen können, der ihm zeigt, wie die Sauerampfersuppe zu kochen ist, hat er sich selbst an den Herd gestellt. Und mit tatkräftiger Hilfe seiner Frau konnte er die Suppe nach dem alten Rezept zubereiten. Zitat aus dem Originalrezept von damals: *Wiege Kühkas klein, mach eine gelbe Einbrenn, gib den Kühkas darein, Salz ihn, laß ihn ein wenig anlaufen (...) u. richte es über gebähte Semlschnitl an.* Mittlerweile hat Rupert Berndl die Kühkas-Suppe sogar nach seinem Geschmack mit Spitzwegerich, Schafgarbe, Brennnessel und Löwenzahn verfeinert. „Die Zutaten findet man ganz einfach vor der Haustür", sagt der Heimatforscher fasziniert, „eine Suppe aus Wiese sozusagen." Aber Achtung: beim Sammeln immer darauf achten, dass die Wiese nicht gegüllt oder anderweitig gedüngt ist.

Zutaten

1 l Fleischsuppe
60 g Sauerampfer
60 g Mehl
80 g Butter
2 Eier
3 EL Schlagrahm
Salz
einige frische Sauerampferblätter und etwas Schlagrahm zum Garnieren

Zubereitung

1. Aus Butter und Mehl eine helle Einbrenne machen, den gewaschenen und fein gehackten Sauerampfer zugeben und zirka sechs Minuten in der Einbrenne rösten. Mit der Fleischsuppe aufgießen und salzen.
2. 20 Minuten köcheln lassen, von der Hitze nehmen. Eigelb mit dem Schlagrahm verquirlen und kurz vor dem Anrichten zügig in die Suppe rühren. Mit den frischen Blättern und Rahm dekorieren und servieren.

Tipp

Bei der Zubereitung der Suppe kann man den Sauerampfer durch weitere Wiesenkräuter wie Spitzwegerich, Schafgarbe, Brennnessel oder Löwenzahn ergänzen. Als Suppeneinlage eignen sich geröstete Semmelschnitten oder -würfel.

Gmundner Krautknödel

Der 17. März, der Tag der heiligen Gertrud, war einst Auftakt zur Feldarbeit. Im oberösterreichischen Salzkammergut feierte man traditionell mit Gertrudenwein, Krautknödeln und Selchbratwürsteln.

Wärme nach dem Winter

„Es führt St. Gertraud die Kuh zum Kraut, das Ross zum Pflug, die Bienen zum Flug." Der 17. März galt jahrhundertelang als Stichtag, an dem das arbeitsreiche Jahr in der Landwirtschaft von neuem begann. Gleichzeitig ging die winterliche Hausarbeit zu Ende. Das Spinnen etwa, dessen Schutzfrau die heilige Gertrud ebenfalls ist, wurde mit diesem Tag eingestellt.

Man hoffte auf Sonne und Wärme – „Gerd steckt den Brand in die Erd" –, und Bauer wie Bäuerin wandten sich wieder der Außenarbeit auf den Feldern oder in den Weinbergen zu.

Wenn in die Erd die Bohn man tut

Gertrud steht für Frühlingsbeginn und in den aufgetauten, warmen Boden wurden auch im Bauerngarten vor der Haustür die ersten Salatpflanzen gesetzt und Gemüse gesät. „An St. Gertrud ist es gut, wenn in die Erd die Bohn man tut", heißt es dazu in alten Aufzeichnungen. Ebenso wurden die Samen für so manche Blume ausgebracht oder auch für die heilkräftigen Kräuter, die viel später im Jahr für den wichtigen „Dreißgerbuschen" zu Mariä Himmelfahrt gebraucht wurden.

Und der Frühlingsbeginn wurde auch kulinarisch gefeiert: Es wurde aufgetischt, was sich an Köstlichkeiten über den Winter hatte retten lassen: Krautknödel, Bratwürstel und sogar Wein – selbst wenn der Tag der heiligen Gertrud immer auch in die strenge vorösterliche Fastenzeit fiel. Schließlich galt der aus dem Mittelalter überlieferte Spruch, dass jedes Fasten auch drei Fresstage haben muss. Und so durfte zum Neubeginn der anstrengenden Feldarbeit ausnahmsweise ordentlich zugegriffen werden.

Kraut aus dem Keller

„Ich kenne das Rezept von meiner Großmutter aus Gmunden", erzählt Michael Glasl. Der gebürtige Leoganger erinnert sich dabei vor allem an die köstlichen Selchbratwürstel, die es nicht nur zu den Krautknödeln regelmäßig gab. „Mein Urgroßvater war Fleischhauer in Attnang-Puchheim, und diese Tradition hat sich da offenbar gut erhalten."

Das Kraut für die Knödel wurde bei der Oma im oberösterreichischen Salzkammergut natürlich daheim im Garten angebaut. Und was nicht zu Sauerkraut verarbeitet wurde, lagerte bis zum Frühjahr im Keller.

Zutaten

1 mittleres Krauthappel
80 g Schmalz
1 fein geschnittene Zwiebel
2 Knoblauchzehen
80 g Brösel
2 Eier, 3 EL Rahm
2 EL griffiges Mehl
Salz, Pfeffer, Muskatnuss
Suppe, gehackte Petersilie

Zubereitung

1. Von den Krautblättern die starken Rippen entfernen und die Blätter in Salzwasser blanchieren. Feinnudelig schneiden und in der Hälfte des Schmalzes anrösten.
2. Die Zwiebel im restlichen Schmalz extra anbraten, dann Knoblauch dazupressen und Brösel untermischen. So lange rösten, bis die Brösel eine schöne Farbe haben. Vom Herd nehmen und Kraut zugeben.
3. Eier, Rahm und Mehl einmischen, mit Salz, Pfeffer und Muskatnuss würzen. Die Masse gut durchmischen, eventuell noch Brösel beigeben.
4. Knödel formen und in Suppe oder Salzwasser unter dem Siedepunkt 15 bis 20 Minuten gar ziehen lassen. In heißer Suppe und mit etwas Petersilie bestreut servieren.

Hopfenspargelsuppe aus der Hallertau

Aus dem Armeleuteessen wurde eine teure Delikatesse. Bäuerin Marlene Zellner aus Niederbayern weiß, was die Sprossen so wertvoll macht.

Unter der Erde

Sie sind weiß, kaum fünf Zentimeter lang und sehen aus wie zu klein geratene Spargelstangen. Daher auch ihr Name – Hopfenspargel oder, wie manche sagen: Hopfensprossen.

Gemeint sind die rund 60 Sprossen der Hopfenpflanze, die der Wurzelstock – je nach Witterung – zwischen Mitte März und Mitte April für kaum länger als zwei Wochen unter der Erde austreibt. Aber nur drei dieser Triebe braucht der Landwirt, um eine neue Pflanze zu ziehen.

Die Hopfenspargelernte war seit jeher eine mühsame Arbeit. Vorsichtig werden die Sprossen ausgegraben und mit der Hand gebrochen.

Bier statt Gemüse

Marlene Zellner aus Pötzmes weiß das noch gut. „Wir haben den Hopfenspargel früher immer mit der Oma zusammengeklaubt. Viel Spaß hat uns das auch als Kinder nicht gemacht", erzählt die Bäuerin aus dem niederbayerischen Teil der Hallertau. „Wenn man schnell ist, schafft man in zwei Stunden ein Kilo." Daheim kochte die Oma daraus eine Suppe, die durch die Sprossen eine milde Würze bekam. „Hopfenspargel gab's schon im Mittelalter als Gemüse. Früher durfte man ihn mitnehmen, um sich die Armeleutesuppe zuzubereiten."

Als mit der steigenden Nachfrage nach Bier Mitte des 20. Jahrhunderts die Felder nur noch mit großen Maschinen bestellt wurden, waren die feinen Sprossen vergessen.

Jeder darf klauben

Seit etwa zehn Jahren gelten sie als seltene Delikatesse, sind nur auf wenigen Märkten erhältlich, wie dem Münchner Viktualienmarkt. Für 100 Euro pro Kilo. Dabei könnte jeder zu Marlene aufs Feld kommen und selbst klauben. Ganz umsonst. „Bisher ist aber noch niemand da gewesen", sagt Marlene. Sie wundert's nicht. Das kennt sie von ihren Kindern: „Die essen sie auch nur, wenn ich sie schon gesammelt habe."

Das Rezept der Oma hat Marlene etwas variiert. Natürlich wurde Hopfenspargel früher nicht püriert, es gab auch keinen Wein und keine Sahne in der Suppe. „Aber so kommt der leicht nussige, aromatische Geschmack besonders gut heraus", findet Marlene. Mittlerweile gibt es bei ihr um die Ecke sogar einen Betrieb, der sich auf Hopfenspargel spezialisiert hat. Wenn das die armen Hilfsarbeiter von früher gewusst hätten.

Zutaten für 6 Personen

300 g Hopfensprossen
¾ l Gemüsebrühe
¼ l Milch
2 EL Butter
2 EL Mehl
2 EL Weißwein
2 Eigelb
⅛ l Sahne
Prise Zucker
Salz, weißer Pfeffer
Prise Muskat

Zubereitung

1. Mit einem Messer die Erde abschaben und den Hopfenspargel gut waschen. Die Spitzen 3 cm lang abschneiden und beiseitelegen.
2. Den Rest klein schneiden und in der Brühe 15 Minuten weich kochen, dann passieren.
3. Aus Mehl und Butter eine Mehlschwitze bereiten, mit kalter Milch aufgießen, glatt rühren und die Brühe mit den pürierten Hopfentrieben sowie Wein und Zucker hinzufügen. Alles zum Kochen bringen, die beiseitegelegten Hopfenspitzen zugeben und köcheln, bis sie weich sind.
4. Das Ganze vom Herd nehmen, mit der Mischung aus Eigelb und Sahne legieren, mit Salz, Pfeffer und Muskat abschmecken.

Tipp

Die Suppe kann als Vorspeise serviert werden oder mit einem guten Schwarzbrot als eigene Mahlzeit. Wer mag, kann mit Schnittlauch noch einen grünen Akzent setzen.

Glantaler Montagknödel

Am Wochenende wird groß aufgekocht. Zu Wochenbeginn gibt's was Schnelles: Knödel mit den Resten vom Sonntagsbraten, serviert in einer kräftigen Suppe.

Restlküche aus Kadöll

Kochen ist auch eine Frage der Zeit, das war schon zu Großmutters Zeiten so. Tagtäglich musste eine Menge verschiedener Arbeiten im Haus, im Stall oder im Gemüsegarten verrichtet werden. Umso beliebter waren Rezepte, die sich für den täglichen Mittagstisch schnell und ohne großen Aufwand verwirklichen ließen. Dass dabei auch Restln und Übriggebliebenes verwertet wurden, war selbstverständlich.

Der Sonntagsbraten wurde dann zur Nudel- und Strudelfülle oder kam in einen Auflauf. Im Kärntner Glantal, bei Christine Schmölzer, gab es Montagknödel. „Ich bin in der Ortschaft Kadöll auf einem Bauernhof aufgewachsen. Das Rezept hab ich von meiner Mutter übernommen und mach's heute ganz genau so – immer nur am Montag", erzählt sie.

Specktrimmel von der Brent

Für das Gericht aus Knödelbrot, Speck, Zwiebeln und frischer Petersilie werden die Reste des Sonntagsbratens ebenso verwendet wie Überbleibsel vom traditionellen Jausenspeck. Gerade die Jause oder die „Brent", wie ein alter Ausdruck für die kräftigende Mahlzeit zwischendurch heißt, wird ja in Kärnten besonders zelebriert. „Das Jausnen ist die Zeit, wenn den Bauern der Speck nit reut", lautet ein alter Spruch.

Besonders bei der Holzknecht- und auch der Bauernjausen nimmt der Speck neben geselchten Würsten oder einem Stück Käse eine wichtige Rolle ein. Christine Schmölzer: „Da bleiben oft einmal so Munkalan oder Specktrimmel, wie wir zu den Reststücken sagen, übrig. Und die sind genau richtig für die Montagknödel."

Luschtock für die Suppe

Serviert werden die Knödel wahlweise in einer Suppe oder mit grünem Salat. Im nicht weit entfernten Gurktal isst man übrigens auch Rahmgurkensalat dazu.

Die Suppe selbst kann ebenso eine kräftige Rindsbouillon wie eine Gemüsesuppe sein. Und für die wird bei Christine Schmölzer – dem Tiefkühler sei Dank – bereits im Sommer vorgesorgt: „Wenn die Suppenwurzeln und -kräuter im Garten reif sind, nehm ich Karotten, Lauch, Peterwurzeln, Sellerie und Luschtock, wie Liebstöckl bei uns heißt. Dann schneide ich alles zurecht und mach mir fertige Packerln, die ich das ganze Jahr für die Suppe verwenden kann."

Zutaten

1 mittlere Zwiebel
1 EL Pflanzenöl
300 g magerer Speck
(oder Schinken oder Bratenreste)
5 Semmeln (oder 250 g Knödelbrot)
2–3 Knoblauchzehen
gut ⅛ l Milch
2 Eier
Salz, Pfeffer, 1 EL gehackte Petersilie
ca. 3 EL Mehl
1 l Rindsuppe (oder Salat)
Schnittlauch zum Bestreuen

Zubereitung

1. Zwiebel schälen, fein hacken und in etwas Öl anrösten. Dann den Speck (oder Schinken oder Bratenreste) kleinwürfelig schneiden, dazugeben und mitbraten.
2. Die Semmeln ebenfalls in kleine Würfel schneiden, Knoblauch schälen und zerdrücken. Milch mit den Eiern verschlagen, Semmelwürfel oder Knödelbrot darin einweichen und die Masse mit allen übrigen Zutaten und Gewürzen gut vermischen. Etwas durchziehen lassen.
3. Mit etwas Mehl ähnlich wie eine Semmelknödelmasse binden und daraus mit nassen Händen kleine Knödel formen. In leicht wallendes Salzwasser einlegen und 20 Minuten ziehen lassen.
4. Rindsuppe erhitzen und Knödel in der heißen Suppe, mit Schnittlauch bestreut, auf den Tisch bringen. Oder ohne Suppe mit grünem Salat servieren.

Steirische Klachelsupp'n

Sie ist ein Relikt aus der Zeit der Hausschlachtungen: In der Klachelsuppe wurden die nicht ganz so edlen Teile des Schweins verkocht. Heute nimmt man dafür nur noch die Haxln.

Vom Riaßl bis zum Schwanz

Wenn in der Steiermark ein Schwein geschlachtet wurde, wurde aus dem frischen Blut ein *Bluttommerl* gerührt und aus dem Kopffleisch und den gereinigten Därmen die *Breinwurst* zubereitet. Tommerl und Wurst sind eher in Vergessenheit geraten, die Klachelsuppe jedoch blieb. Früher bestand sie aus den nicht ganz so edlen Teilen des Schweins – Ringelschwanz, Rüssel und Ohr –, heute werden meist nur Schweinshaxen verwendet.

„Die Klachelsuppe", sagt der steirische Küchenchef Hans Peter Fink, „war eben Schwein vom Riaßl bis zum Schwaunz." Vor etwa hundert Jahren noch wurde sie schlicht „Banasupp'n" genannt.

Theorien übers Klacheln

Über den Ursprung des Begriffs „Klacheln" kursieren mehrere Theorien. Eine besagt, dass die Haxen im Lauf der Zeit als Hauptzutat so populär geworden sind, dass sie „Klacheln" genannt wurden, obwohl das Wort „klacheln" eigentlich den Vorgang des Versprudelns der Suppe mit Mehl und Sauerrahm beschreibt.

Küchenchef Fink hingegen, der aus einer bäuerlich-gastwirtschaftlichen Familie stammt, kann sich noch erinnern, dass „klacheln" für das Knacken der Gelenke beim Strecken gebraucht wurde und als Hauptwort für das Gelenk selbst stand.

Was hinein- und dazugehört

Beim Würzen der Klachelsuppe kursieren ebenfalls verschiedene Varianten. Kümmel, Liebstöckel, Thymian, Beifuß oder nicht – das ist Ansichtssache. Wichtig sind Essig, Knoblauch und das Gemüsetrio Karotte, Sellerie und Lauch.

Auch Sauerrahm war in den ursprünglichen bäuerlichen Varianten nicht vorhanden und kam erst später dazu.

Die klassische Beilage ist jedenfalls Heidensterz. Hans Peter Finks Rezept dafür: 200 Gramm Buchweizenmehl mit lauwarmem Wasser verrühren, bis ein zähflüssiger Teig entsteht. Mit Salz und fein gehackter Knoblauchzehe würzen, rasten lassen. In einer Pfanne mit dickem Boden Schweineschmalz erhitzen, Heidensterz hineingießen und braten, bis eine Kruste entsteht. Eine Handvoll gehackte Grammeln darüberstreuen, Sterz umdrehen und zerteilen. Zum Schluss mit einem Erdäpfelstampfer so lange zerdrücken, bis er knusprig und krümelig ist.

Zutaten für 6–8 Personen

1 kg Schweinshaxen, in 3 cm dicke Scheiben geschnitten (ohne Zehen), ca. 2 l Wasser, 4 cl Apfelessig, 6 zerdrückte Wacholderbeeren, 6 Pfefferkörner, 2 Lorbeerblätter, 5 geröstete, zerdrückte Korianderkörner, 2 kleine Zwiebeln, in Ringe geschnitten, 4 zerdrückte Knoblauchzehen, 1 Karotte, 1 Gelbe Rübe und 100 g Sellerie, mit der Krenreibe gerieben, 150 ml Sauerrahm, 1 EL Mehl, 1 Zweig Liebstöckel, 1 kleiner Bund Majoran, Pfeffer, Salz

Zubereitung

1. Schweinshaxen gut waschen, in ausreichend kaltem Wasser aufstellen, einmal aufkochen, abgießen, kalt abschrecken.
2. Mit 2 l Wasser und Apfelessig zustellen, Wacholderbeeren, Pfefferkörner, Lorbeerblätter, Korianderkörner, Zwiebeln und Knoblauch zugeben. So lange kochen, bis sich das Fleisch leicht vom Knochen löst, dabei immer wieder Schaum abschöpfen.
3. Haxen herausheben, Fleisch loslösen und in mundgerechte Bissen schneiden – oder im Ganzen lassen (das ist der „steirische Brauch"). Suppe abseihen, Suppengemüse zugeben und aufkochen.
4. Sauerrahm mit etwas heißem Kochfond glatt rühren und in den restlichen Fond mischen. Mehl mit etwas Wasser glatt rühren und mit dem Schneebesen in die Suppe rühren.
5. Mit Liebstöckel, Majoran und Pfeffer würzen. Suppe auf gewünschte Konsistenz einkochen. Mit Essig und Salz abschmecken. Fleisch in die Suppe geben, erwärmen und mit Pfeffer und Majoran bestreut anrichten.

Samerberger Bohnenknödel

*Speck, das war früher etwas für die Reichen.
Bei den armen Bauern kamen stattdessen Bohnen in die Knödel.
Und das schmeckt bis heute ganz hervorragend – nicht nur,
wenn man einmal auf Fleisch verzichten will.*

Schlichte Küche

Ein feudales Festessen? Nein, das braucht es gar nicht, wenn August Wörndl aus dem niederbayerischen Pocking Freunde von seinen Kochkünsten begeistern will. Es reicht ein Teller Suppe mit seinen legendären selbst gemachten Bohnenknödeln. „Die haben bis jetzt noch allen richtig gut geschmeckt", sagt der Vegetarier stolz.

Dabei will er seine Gäste ganz und gar nicht zur fleischlosen Küche missionieren. Es ist viel einfacher. Das schlichte Gericht schmeckt für den gebürtigen Chiemgauer nach früheren Zeiten. Nach den Bergen, nach seiner Kindheit in Frasdorf. „Bei uns am Samerberg waren Bohnenknödel ein Arme-Leute-Essen. Dort wohnt man in einem Hochtal, bis auf etwa 750 m. Und je höher die Bauern siedelten, umso karger fiel die Ernte aus. Unten konnten sie sich Speck leisten, oben füllte man die Knödel mit Bohnen."

Ein Rezept wandert

August Wörndls Familie väterlicherseits waren auch noch arme Bauern. Fleisch gab es nur zu Festtagen, dann wurde eine Sau geschlachtet. Das Rezept von den Bohnenknödeln wanderte bei den Wörndls von Generation zu Generation.

Augusts Mutter kochte sie oft. Auch noch, als die Eltern sich längst Speck leisten konnten – der Vater hatte in den 1950er-Jahren eine kleine Werkstatt aufgemacht, aus der sich im Laufe der Jahre ein respektables Autohaus der weiß-blauen Marke entwickelte. August erinnert sich noch gut: „Es roch daheim schon im Flur so fein nach den leicht süßlichen Bohnen und der säuerlichen Suppe."

Von der Mutter übernahm er auch das Rezept – und seine Leidenschaft fürs Kochen.

Essig, Öl & Zwiebeln

In seiner jetzigen Heimat, sagt August Wörndl, „da kennt die Bohnenknödel keiner". Das gilt auch für die kalte Variation des Gerichts. „Denn wenn früher etwas übrig blieb, gab es abends Essigknödel. Meine Mutter schnitt die Knödel fein auf und richtete sie mit Essig, Öl und Zwiebeln an." Eine wunderbare kalte Brotzeit. Und dazu passt eine Halbe Dunkles ganz ausgezeichnet.

Zutaten

300 g kleine Bohnen
1,5 l Wasser
Wurzelwerk nach Belieben (Sellerie, Möhren, Zwiebeln, Petersilienwurzeln etc.)
8–10 alte Brötchen
gestrichener Teelöffel Salz
375 ml lauwarme Milch
1–2 EL Petersiliengrün
3–4 Eier
Paniermehl (bei Bedarf)

FÜR DIE SUPPE
40 g Butter
20 g Mehl
Salz
ein Schuss Apfelessig

Petersilie zum Bestreuen

Zubereitung

1. Bohnen waschen und über Nacht in kaltem Wasser einweichen.
2. Am nächsten Tag das Wurzelwerk zusetzen und alles zusammen aufkochen, ca. 1,5 Stunden weich kochen.
3. Brötchen klein schneiden, salzen, mit lauwarmer Milch übergießen und zugedeckt eine halbe Stunde ziehen lassen.
4. Drei Viertel der fertig gekochten Bohnen durch ein Sieb streichen und in einem Topf aufbewahren. Den Kochsud ebenfalls aufbewahren.
5. Die restlichen Bohnen samt der klein geschnittenen Petersilie und den Eiern zu den aufgeweichten Brötchen geben, mit nassen Händen glatt zu Knödeln formen (ca. 8 Stück). Ist der Teig zu weich, Paniermehl zugeben.
6. Salzwasser zum Kochen bringen, die Knödel einlegen. Wasser noch einmal aufkochen, dann alles 15 bis 20 Minuten ziehen lassen.
7. Butter im Topf zerlassen, Mehl unterrühren, bräunen lassen und mit dem Kochsud der Bohnen aufgießen. 5 bis 10 Minuten kochen lassen, dann die durchs Sieb gestrichenen Bohnen unterrühren, nochmals kurz aufkochen. Mit Salz und Essig abschmecken.
8. Die gegarten Knödel aus dem Sud nehmen und in der Bohnensuppe mit Petersilie bestreut servieren.

Mürztaler Suppenstrudel

Die einen sagen Suppenstrudel, die anderen zsammglegte Knödel. Dahinter verbirgt sich von der Steiermark bis ins südliche Burgenland ein g'schmackiges Rezept der bäuerlichen Küche.

Ein Essen für alle Kinder

„Sie haben's immer gern mögen!", sagt die Mürztalerin Maria Salchenegger. Die Kinder nämlich. In der Überlieferung kulinarischer Traditionen waren die jüngsten Familienmitglieder oft ein wichtiger Grund, warum Gerichte Jahrzehnte überdauert haben. Und so kommt es, dass ein ganz bestimmtes Gericht auch bei Familie Salchenegger immer dann auf dem Tisch steht, wenn die mittlerweile längst erwachsenen vier Söhne etwa an Feiertagen wieder daheim zusammenkommen. Es gibt Suppenstrudel so wie das Amen im Gebet.

Zum Speck kommt die Milch

Die Grammeln dafür macht Maria Salchenegger heute noch wie in alten Zeiten. Das ist Ehrensache. Zuerst wird der Speck durch den Fleischwolf gedreht, dann das zerkleinerte Fett mit etwas Wasser oder Milch erhitzt („Da werden s' schön braun!"), bis es schmilzt. Nicht zu heiß darf die Pfanne werden, und es muss ständig umgerührt werden, damit nichts anbrennt. Sind die Grammeln fertig, kommen sie in die Erdäpfelpresse: „Da kann man sie noch ein bisserl ausdrücken."

Einen Tipp hat die Köchin dazu auch bereit: Will man Grammeln auf Vorrat herstellen, dann sollte man sie am besten nach dem „Auslassen" abkühlen lassen und anschließend tiefkühlen.

Das Rezept für den Suppenstrudel stammt von Marias Mutter aus Turnau, einem Nachbarort von Kindberg, wo Maria Salchenegger ursprünglich herkommt: „Ich hab 's Kochen von der Mama gelernt, das war bei uns so." Das Gericht existiert dabei in zwei überlieferten Varianten und mit verschiedenen Namen: „‚Zsammglegte Knödel' sagen die Leute auch dazu." Gemeinsam sind ihnen der Strudelteig und die Fülle aus Grammeln, Semmelwürfeln und Schnittlauch.

Gekocht oder gebacken

Der Strudel wird entweder in leicht gesalzenem Wasser gekocht oder im Rohr gebacken. Serviert wird er in einer klaren Rindsuppe oder auch als eigenes Gericht. Für Letzteres kommt er noch zum kurzen Anbraten in die heiße Pfanne („Manche schlagen auch noch ein Ei drüber") und dann mit Salat auf den Tisch.

Der Name Strudel kommt übrigens vom althochdeutschen Wort *stredan* für „wallen". In der ursprünglichen Zubereitungsart wurde der gefüllte Teig in einen gusseisernen Topf oder in eine Pfanne gedreht und über offenem Feuer gebraten. Die langgestreckte Strudelform entstand erst mit der Erfindung des Backrohrs.

Zutaten

FÜR DEN TEIG
150 g Mehl, 60 ml Wasser, 1 Ei, 1 EL Öl, ½ TL Salz, 2 EL zerlassene Butter

FÜR DIE FÜLLE
200 g Grammeln
Würfel von 4 altbackenen Semmeln
125 ml Milch, 2 Eier
1 EL gehackter Schnittlauch

klare Suppe mit Gemüseeinlage
Schnittlauch zum Bestreuen

Zubereitung

1. Zutaten für den Teig vermischen und gut verkneten. Teig ca. 1 Stunde zugedeckt rasten lassen. Dann auswalken und vorsichtig über dem Handrücken dünn ausziehen.
2. Grammeln, Semmelwürfel, Milch und verquirlte Eier zu einer lockeren Masse vermischen. Auf einer Hälfte des Teiges die Masse verteilen, Schnittlauch drüberstreuen.
3. Strudel einrollen, mit einer Teigkarte oder einem Messerrücken etwa alle 10 Zentimeter abtrennen.
4. Strudel entweder in Salzwasser 10 bis 15 Minuten langsam gar kochen und in einer klaren Suppe mit Gemüse und Schnittlauch servieren.
   Oder Strudel im Backrohr bei mittlerer Hitze (je nach Herd 150 bis 175 °C) backen, bis er hellbraun ist. Gebackenen Strudel mit Salat servieren.

Schwarzwälder Böllesuppe

Wenn die Klößchen in der kräftigen Fleischbrühe dampfen und duften, wird es Angela Fässler aus Lörrach noch heute warm ums Herz. Gefühle einer behüteten Kindheit.

Das Beste zur Hochzeit

„Wenn unsere Mutter früher fragte, was sie kochen soll, riefen mein Bruder Robert und ich immer wie aus einem Mund: Böllesuppe!“, erzählt Angela Fässler aus Lörrach. Und noch heute sorgen die „Bölle“, wie die Klößchen im Wiesental heißen, stets für Freude am Esstisch. Zubereitet werden sie immer noch nach dem Rezept von Oma Rosa – aus Milchbrötchen vom Vortag und bestem Rindfleisch.

Gespannt erwarteten die Kinder früher jedes Mal jenen feierlichen Moment, wenn die Bölle aus der siedenden Fleischbrühe aufstiegen. Dafür brauchte es für die kleine Angela keinen großen Anlass. Aber die Großmutter berichtete gerne, dass die Böllesuppe mit ihren guten Zutaten in früheren Zeiten nur an Hochzeiten oder zu Festtagen serviert wurde.

Ein Teller voll Geborgenheit

Angela Fässler verbindet diese Suppe bis heute mit dem Wohlbehagen ihrer Kindheit, von der Mutter umsorgt und behütet zu sein. Vor dem Servieren hackte Mutter Annerösli frische Kräuter aus dem Garten klein und bestreute die Böllesuppe damit. „Mein Bruder wollte immer lieber Schnittlauch. Ich finde, dass Petersilie hier besser passt“, sagt Angela Fässler. In einem sind sie sich jedoch bis heute einig: Die Krönung sind die Bölle, die ihre Mutter immer mit dem Esslöffel in mundgerechte Stücke zerteilte. Wie oft versuchte die kleine Angela, ihren eineinhalb Jahre älteren Bruder zu überreden, die Klößchen auf seinem Teller gegen ihre Brühe zu tauschen! Vergebens. Auch er schob sie – um sich das Beste für den Schluss aufzuheben – an den Tellerrand und löffelte zuerst brav die heiße Brühe aus.

Butter macht sie schön gelb

Einen festen Kern müssen die Bölle haben, wie wir ihn von den Grießklößchen kennen. „Und schön gelb müssen sie sein“, das ist Angela Fässler wichtig. „Die gelbe Farbe gelingt nur mit Butter!“ Als Mädchen wünschte sie sich, die Mutter würde nur Bölle kochen, ohne Brühe. Doch dann erklärte ihr die Mutter, dass es genau die heiße, kräftige Brühe mit ihren Fettäugelchen ist, die den Klößchen ihren Charakter gibt. „Sie müssen gut von ihr durchzogen sein“, sagt Angela Fässler. Denn erst so entsteht der typische Geschmack der Böllesuppe, den sie so anheimelnd findet – seelenvoll, würzig und buttrig.

Zutaten

FÜR 1½ L RINDERBRÜHE:
1 großer Bund Suppengrün (Möhren, Knollensellerie, Lauch)
1 Zwiebel
1 kg Rindfleisch
einige Rinderknochen
1 TL Butterschmalz
¼ TL feines Meersalz
einige Pfefferkörner
1 Lorbeerblatt
2¼ l Wasser, gehackte Petersilie

FÜR DIE BÖLLE:
80 g Butter, 2 Eier
2 kleine Milchbrötchen vom Vortag
Salz, etwas geriebene Muskatnuss
frische Petersilie

Zubereitung

1. Für die Rinderbrühe Möhren und Sellerie schälen und grob schneiden. Den Lauch zurechtputzen, kalt abspülen, längs halbieren und in Stücke schneiden. Die Zwiebelschale gibt der Suppe Farbe, daher die Zwiebel nicht schälen, aber halbieren.
2. Fleisch und Knochen abspülen und mit den Gemüsestücken und den Zwiebelhälften in einem großen Topf mit heißem Butterschmalz anbraten. Salz, Pfefferkörner und Lorbeerblatt dazugeben und mit 2¼ l Wasser auffüllen.
3. Alles ohne Deckel bei kleiner Hitze ca. 2 Stunden leicht kochen lassen. Nicht sprudelnd kochen, das macht die Brühe trübe.
4. Knochen und Fleisch herausnehmen und die Brühe durch ein feines Sieb gießen, das mit einem Mulltuch ausgelegt ist.
5. Die klare Brühe nun bei starker Hitze ohne Deckel ca. 15–20 Minuten einkochen, bis 1½ l Rinderbrühe übrig bleiben. Mit Salz und Pfeffer würzen.
6. Für die Bölle die Butter schaumig rühren und die Eier dazugeben.
7. Die Milchbrötchen fein hacken und untermischen. Salz und Muskat unter die Masse rühren. Mit zwei Teelöffeln kleine Kügelchen daraus formen.
8. Diese in die leicht siedende Fleischbrühe geben und 7 Minuten ziehen lassen, bis sie aufsteigen. Die Suppe mit fein gehackter Petersilie bestreuen und servieren.

Hausrucker Obstsuppe

Bauernrezepte, die siebenbürgische Einwanderer einst aus der alten Heimat mitgebracht haben, sind in der Region Vöcklabruck zur traditionellen Spezialität geworden.

Suppentopf am Feld

„Als meine Eltern mit mir als Wickelkind 1944 aus Siebenbürgen nach Österreich kamen, brachten sie auch ihre alten Bauernrezepte mit", erzählt Inge Kimmel aus Vöcklabruck. Einer der wichtigsten Eckpfeiler dieser Küche waren Suppen. Dick und nahrhaft, aus Gemüse, Fleisch oder mit Obst gekocht, wurden sie in einem großen Topf aufs Feld gebracht und von allen gemeinsam gegessen. Dazu gab's Brot, das regelmäßig daheim gebacken wurde.

Zur Zubereitung der Suppe wurde vom Erdäpfel bis zur Krenwurzel genommen, was gerade Saison hatte. „Im Sommer gab es *Groa Buinelavad*, das ist eine grüne Bohnensuppe, Paradeissuppe oder *Agerschlavad*, die Stachelbeersuppe."

Kulinarische Vielfalt

Es ist die Küche einer multinationalen Ecke Europas im Norden Rumäniens. Dort, wo der Fluss Mureş eine Biegung nach Osten macht, lagen einst die letzten deutschsprachigen Siedlungen. Auch das Dorf Obereidisch, wo Inge Kimmels Familie herstammt. Jahrhundertelang lebten hier Siebenbürger Sachsen, gleich nebenan wurde Rumänisch und Ungarisch gesprochen. Wie auch der Fluss – *Mieresch*, *Mureş* oder *Maros* – hatten die meisten Dinge drei Namen: in jeder Sprache einen. Die Wirren des Zweiten Weltkriegs zwangen zahlreiche hier ansässige Menschen zur Flucht. Seit gut drei Generationen sind viele ihrer Nachkommen im oberösterreichischen Hausruckviertel zwischen Vöcklabruck, Attersee und Salzburg daheim – und mit ihnen ihre siebenbürgischen Gerichte, Rezepte und kulinarischen Traditionen.

Gemischte Früchte

Besonders beliebt in der Familie von Inge Kimmel waren Obstsuppen. Sie wurden oft zubereitet, auch für die neuen Nachbarn und Freunde in Oberösterreich. Inge Kimmel selbst schätzt diese speziellen süßsauren Gerichte bis heute. In den Topf kommt, was gerade reif oder noch von den Wintervorräten übrig ist. Kirschen genauso wie Ribiseln, Dörrzwetschken oder getrocknete Äpfel.

Als Basis für die Obstsuppe dient eine Geflügelbrühe, dann kommen mit Mehl versprudelter Rahm, frische Kräuter aus dem Garten und das jeweilige Obst dazu. „Am Schluss hat meine Großmutter auch immer ein Glas Sauerkrautsaft in die Suppe gegeben, das schmeckt herrlich."

Zutaten

½ Huhn
1 Handvoll Suppengemüse (Karotten, Gelbe Rüben, Pastinaken)
200 g Obst (Kirschen, Stachelbeeren, Dörrzwetschken oder getrocknete Äpfel)
2 EL Mehl
250 ml Sauerrahm
einige Zweige Estragon
optional: 250 ml Sauerkrautsaft

Zubereitung

1. Das Huhn mit 1,5 l Wasser aufsetzen und etwa 20 Minuten kochen.
2. Klein geschnittenes Suppengemüse zugeben und weitere 10 Minuten kochen.
3. Das Huhn herausnehmen, enthäuten, das Fleisch in kleine Stücke schneiden und wieder in die Suppe geben.
4. Obst (Dörrzwetschken, Äpfel und/ oder nicht entsteinte Kirschen) ebenfalls kurz mitkochen. Mehl mit wenig Wasser und Sauerrahm glatt rühren. Zur Suppe geben und einige Minuten mitkochen.
5. Estragon fein hacken und unterrühren.
6. Zum Schluss den Krautsaft einrühren und die Stachelbeeren – diese dürfen nur heiß gemacht werden, weil sie sonst platzen. Mit einem Stück Bauernbrot servieren.

Pannonische Weinsuppe

Die bäuerliche Küche des Burgenlands kennt viele Arten von Suppen. Im Sommer, zur Erntezeit, darf es auch eine sein, die fast nur aus Wein besteht.

Suppe von früh bis spät

„Suppenschaben" wurden die Burgenländer einst nicht sehr schmeichelhaft genannt. Und tatsächlich stand in Pannonien auf dem Esstisch oft ein großer dampfender Topf, aus dem gemeinsam gelöffelt wurde. Zum Frühstück gab es „ainbrennte Supp'm" oder „Griaßsupp'm", dazu gekochte „Krumpian" (Erdäpfel) oder ein Stück Brot. Zu Mittag war die Suppe das Hauptgericht, für mehr reichte es in vielen Familien nicht. Danach standen allenfalls noch Kraut, Rüben, Bohnen oder eine schlichte Mehlspeis' auf dem Speisezettel.

Flüssige Lebensgeister

Fleischsuppen waren selten, höchstens an Schlachttagen gab es die „Braesupp'm", in der tagsüber sämtliche Zutaten für die Würste gekocht worden waren und die an alle ausgegeben wurde. Sie enthalte, so hieß es, „sieben Lebensgeister".

Wenn es ans Ernten ging, war ebenfalls Suppenzeit. Dann wurde Weinsuppe direkt auf dem Feld aus einem großen Topf gegessen – ein beliebtes Gericht, denn der Wein gab Kraft für die schwere Arbeit in der Sommerhitze. Die Basis bildete Weißwein. Darin wurden Zimt, Gewürznelken oder Neugewürz gekocht und mit Stärke und Eidotter versprudelt. Als Einlage gab es gebähte Semmel- oder Brotschnitten.

Weinsuppen haben in Gegenden, in denen Trauben gedeihen, naturgemäß Tradition. Auch die Kombination mit Zimt findet sich quer durch die Lande, so auch in der berühmten „Terlaner Weinsuppe" aus Südtirol. Der Wein ist dabei allerdings nur ein Geschmack und Säure verleihender Bestandteil – Hauptzutat ist eine kräftige Rindsuppe. Der Zimt wird in der Südtiroler Version auch nicht mitgekocht, sondern lediglich auf die Einlage – die gerösteten Brotwürfel – gestreut.

Mit Tradition und Leidenschaft

Doris Biricz aus Lackenbach im Mittelburgenland hat die Burgenländische Weinsuppe beim Stöbern im großen Fundus alter Kochbücher ihres Lebensgefährten gefunden. Er ist Koch aus Berufung und Leidenschaft – Weinschaumsuppe, etwa mit Riesling, gehört fix zu seinem Küchenrepertoire. „Ich finde es wichtig, dass man Gerichte mit Tradition am Leben erhält", sagt Doris. „Und außerdem: Die Kombination mit Zimt, Nelken und Neugewürz schmeckt ganz außergewöhnlich gut."

Zutaten

1 l Weißwein
2 Dotter
100 g Zucker
Zimt, Gewürznelken und
Neugewürz nach Geschmack
1 TL Stärkemehl
20 g Butter
2 Semmeln
Butter zum Rösten

Zubereitung

1. Wein mit Zucker und Gewürzen aufkochen lassen.
2. Dotter mit Stärkemehl und etwas Wein versprudeln und mit der Butter in den kochenden Wein einrühren. Bis zum erneuten Aufkochen auf der Hitze stehen lassen, dann durch ein Sieb seihen.
3. Mit in Butter gerösteten Semmelschnitten servieren.

Tipp

Für eine alkoholfreie Variante kann man den Weißwein durch 500 ml Verjus, gemischt mit 500 ml Wasser (oder Gemüsefond), ersetzen. Verjus ist der unvergorene Saft grüner Weintrauben und ein altes Würzmittel.

Ochsenaugensuppe

In Bernstein im Südburgenland kam diese kräftige Speise vor allem in der kalten Jahreszeit gern auf den Tisch.

Eine Vorspeise für viele
In der Schwiegerfamilie von Hannelore Meichenitsch ging es am Mittagstisch meist hoch her. „Mein Mann hatte vier Geschwister, dazu kamen noch der Knecht und zuzeiten auch noch ein paar Mitarbeiter aus dem Handwerksbetrieb." Die Familie Meichenitsch betrieb damals eine Gerberei in Bernstein im Südburgenland, später eine Edelserpentinschleiferei.

Für Mutter Maria war es dabei nicht nur selbstverständlich, die Buchhaltung der Firma zu führen, sondern – neben Haushalt und Kinderbetreuung – jeden Tag für acht bis zehn Personen aufzukochen. „Die Ochsenaugensuppe war da eine perfekte Vorspeise für viele Leute", erzählt Hannelore.

Wurzeln aus dem Gartl
Die Basis für die Ochsenaugensuppe war Geselchtes. Ein schönes Stück von der Nuss oder vom Schopf wurde in einen Topf gegeben und gemeinsam mit jeder Menge Wurzelwerk und Gemüse ähnlich wie Rindsuppe zubereitet. Hannelore Meichenitsch: „Karotten, Sellerie, Zwiebel und Kräuter hat meine Schwiegermutter natürlich selbst angebaut. Die Familie meines Mannes hatte zwar keine Landwirtschaft, aber ein Küchengartl und eigene Hendln gab es immer." War das Fleisch weich gekocht, wurde es für den Hauptgang beiseitegestellt und später mit eingebrannten Linsen serviert.

Nicht zu heiß gekocht
Die Ochsenaugen selbst waren Eier, die aufgeschlagen und anschließend vorsichtig in der Suppe pochiert wurden. Dieser Begriff findet sich regelmäßig in alten Kochbüchern, manchmal auch in der Schreibweise „Ox'naug'n". Bis ins 18. Jahrhundert wurde er sowohl für Spiegeleier als auch für pochierte Eier verwendet.

Bei der Zubereitung der Ochsenaugen ist in jedem Fall wichtig, dass die Eier nicht zu sehr erhitzt werden. Der Eidotter soll auf gar keinen Fall hart gekocht werden, damit er beim Zerschneiden noch auseinanderläuft. „Allein deshalb ist es eine Speise, die Kinder sehr lieben. Ich hab sie deshalb auch für meine eigenen immer wieder gern gekocht", so Hannelore Meichenitsch.

Zutaten für 8 bis 10 Personen

1 Zwiebel
1 EL Öl
2 l Wasser
3 große Karotten
1 große Petersilwurzel
¼ Knolle Sellerie
1 Stange Lauch
je 1 Bund Liebstöckl, Petersilie und Selleriegrün
Pfefferkörner, Salz, Kümmel
1 kg Geselchtes
250 ml Sauerrahm
1 EL Mehl

FÜR DIE OCHSENAUGEN

ca. 20 ganz frische Eier
gehackte grüne „Zwiebelröhrln" oder Schnittlauch zum Bestreuen

Tipp

Ochsenaugen nur aus sehr frischen Eiern zubereiten, da das Eiklar dann kompakt zusammenhält und nicht zu sehr auseinanderläuft.

Zubereitung

1. Zwiebel schälen und halbieren. In einem großen Topf Öl erhitzen, Zwiebel darin gut anrösten, dann mit dem Wasser aufgießen.
2. Geputztes Suppengemüse, Suppengrün, Gewürze und Geselchtes dazugeben und alles ca. 1½ Stunden kochen.
3. Die Suppe in einen Topf seihen und darin pro Person 2 Eier pochieren. Achtung, die Dotter dabei nicht verletzen!
4. Zuletzt Rahm mit Mehl und etwas Suppe verquirlen, in die Suppe einfließen und 3 Minuten ziehen lassen.
5. Mit dem Lauchgrün bestreuen und servieren.

Bratwurstsupp'n von der Öhlerhütte

Das niederösterreichische Schneebergland ist vor allem auch Würstelland. Und zu Weihnachten macht man aus dem „G'selchten" eine Festtagssuppe, deren Rezeptur von Generation zu Generation weitergegeben wird.

Weihnachtlicher Festschmaus

Offiziell dürfen sie ja nur „Hauswürstel" heißen. Aber wenn Hüttenwirtin Maria Franzl von ihnen spricht, sind's „Bratwürscht, g'selchte Bratwürscht". Und die gab's hier in der Gegend um Puchberg am Schneeberg schon immer. Jedes Haus und jeder Fleischhauer hatte sein eigenes Rezept, und an ganz besonderen Tagen wie Weihnachten oder Silvester wurde Suppe aus ihnen gekocht. Schon der Großvater hatte es so gemacht, und das Rezept kennt die Maria von ihm.

Heute ist sie Wirtin auf dem Öhlerschutzhaus. 1.027 Meter hoch liegt die Hütte über dem Haltbergtal. Den Laden schupft Maria gemeinsam mit Ehemann Josef. „Ich bin so ein Aussteigertyp", sagt sie dazu.

Das Würstelgeheimnis

20 Jahre lang war Maria Franzl davor in einer Fleischhauerei in Puchberg tätig. „Was in die Bratwürstel reinkommt? Das weiß ich genau, freilich! Majoran, Knoblauch, Pfeffer, Speck, Bauchfleisch."

In der Region gibt es noch kleine landwirtschaftliche Betriebe, viele davon produzieren biologisch, und die Fleischhauer schlachten selber. Eine Rarität geradezu, denn vielerorts lohnt sich das traditionelle Lebensmittelhandwerk heutzutage immer weniger. Wen wundert's also, dass die Würstel „nirgendwo so gut sind wie hier in der Gegend. Da kannst fragen, wen du willst".

Grün, geselcht und getrocknet

Früher wurden beim Sautanz als Allererstes „grüne" Bratwürstel zubereitet und auch gleich gegessen. „Grün" heißt das Fleisch, wenn es ungeselcht ist. Was übrig blieb, wurde über Buchholzspänen und Wacholderzweigen geräuchert und anschließend zum Lufttrocknen aufgehängt.

„Die Supp'n, die bringst nur richtig mit unseren Würsteln zsamm", sagt Wirtin Maria und liefert auch gleich einen Tipp hinterher: „Man kann auch noch ein Stück Bauchfleisch oder G'selchtes mitkochen, das macht das Ganze noch besser!"

Dazu gibt's „Schwarzbrotschnittln – so haben wir früher dazu g'sagt. Das sind keine richtigen Brotscheiben, sondern so grobe Stücke, die vom Laib abgeschnitten werden." Die kann man dazuessen oder in die Suppe einbröckeln, ganz nach Belieben.

Und man kann natürlich auch raufwandern – zum Öhlerschutzhaus nämlich, wo die Bratwurstsupp'n die ganze Saison über auf der Speisekarte steht.

Zutaten

4 Paar geselchte Bratwürstel
1 l Wasser
1 EL getrockneter Majoran, Pfeffer
4 Zehen Knoblauch
250 ml Sauerrahm
2 EL Mehl
3 mittelgroße speckige Erdäpfel (gekocht und in grobe Stücke geschnitten)
Salz
optional: 300 g Bauchfleisch
Majoran und Pfeffer zum Bestreuen

Zubereitung

1. Die geselchten Bratwürstel ins Wasser legen, Wasser aufwallen lassen und Würstel leicht anstechen. Zirka 15 Minuten kochen lassen, dann die Würstel herausnehmen und beiseitestellen.
2. Suppe mit Majoran und frisch gemahlenem Pfeffer würzen, Knoblauchzehen durch die Presse in die Suppe drücken.
3. Sauerrahm mit Mehl versprudeln und in die Suppe einrühren. Alles zusammen kurz aufkochen lassen.
4. Die Würstel in Scheiben schneiden und zusammen mit den Erdäpfelstücken in die Suppe geben. Alles mit Salz abschmecken.
5. Optional kann auch noch ein Stück Bauchfleisch (30 Minuten zusätzliche Kochzeit) mitgekocht werden. Den Bauch ebenfalls nach der Garzeit aufschneiden und zur Suppe geben, mit Majoran und Pfeffer bestreuen. Dazu passt frisches Schwarzbrot.

Steirische Stoßsuppe

Wenn der Herbst langsam näher kam, begann am Ruckerlberg in Graz die Zeit der sämigen Suppen. Den Rahm dafür schöpfte man von der Milch, und dazu gab's Erdäpfelsterz.

Mit oder ohne „ß"
Namen hat sie viele, drin ist meistens das Gleiche: die Stohsuppe, Stosuppe oder Stoßsuppe aus den Hauptzutaten Wasser, Kümmel, Rahm und/oder saure Milch. „Wir haben immer ‚Stoßsuppe' mit einem ‚ß' dazwischen gesagt. Vielleicht kommt das von den zerstampften Erdäpfeln, die meine Mutter entweder direkt in die Suppe gegeben oder auch als Sterz dazugemacht hat", erzählt die gebürtige Grazerin Susanne Leder.

Sie ist im Grazer Bezirk Waltendorf am sogenannten Ruckerlberg aufgewachsen. Und obwohl man hier in der Stadt daheim war, gab es Gemüse und andere Küchenzutaten stets frisch aus der unmittelbaren Umgebung – entweder aus dem vom Vater liebevoll betreuten Hausgarten oder von den Bauern in der Nachbarschaft.

Markttag am Samstag
Mindestens einmal pro Woche wurde auf dem sogenannten Kaiser-Josef-Markt eingekauft. „Die Landwirte aus der Gegend haben dort angeboten, was es je nach Jahreszeit gerade gab. Jeden Samstag war Großeinkauf." Man plauderte, tauschte Rezepte aus, und hier erstand die Mutter auch die Erdäpfel. Für die Stoßsuppe wurden sie weich gekocht und etwas zerstampft. Dann hat man sie entweder direkt in der Suppe serviert oder als Sterz mit etwas Mehl vermischt und im Rohr überbacken.

Mit der Kanne zum Riegerbauern
Die Milch, die man daheim benötigte, wurde direkt vom Bauern geholt. Mit ihren beiden älteren Schwestern machte sich Susanne auf zum Riegerbauern und kehrte mit der gefüllten Milchkanne zurück. Bildete sich auf der Milch eine Schicht Rahm, wurde dieser von der Mutter abgeschöpft, sorgsam aufbewahrt und in der Küche verwendet.

Weggeworfen wurde nämlich nichts, im Gegenteil: „Auch wenn die Milch sauer geworden ist, haben wir sie zum Kochen genommen." Saure Milch und Rahm sind schließlich die perfekten Zutaten für die Stoßsuppe. Die dann, wenn die kühlere Jahreszeit begann, als Mittagessen für die ganze Familie auf dem Tisch stand.

Zutaten

FÜR DEN STERZ
500 g mehlige Erdäpfel
Salz
150 g Mehl
Öl oder Butter zum Anbraten

FÜR DIE SUPPE
500 ml saure Milch
1 EL glattes Mehl
500 ml Wasser
1 gestrichener EL Salz
1 gestrichener EL Kümmel
500 ml Sauerrahm
evtl. 1 Schuss Essig

Zubereitung

1. Erdäpfel schälen, würfeln und in Salzwasser weich kochen. Grob zerstampfen, mit Salz und Mehl vermischen.
2. In einer Pfanne Öl oder Butter heiß werden lassen. Die Erdäpfelmasse hineingeben und resch anbraten. Dann noch etwa 10 Minuten im Backrohr bei 180 °C backen, damit die Oberfläche schön knusprig wird.
3. Für die Suppe saure Milch mit Mehl versprudeln. Wasser mit Salz und Kümmel aufkochen, die versprudelte saure Milch einrühren und alles aufkochen lassen.
4. Zuletzt den Sauerrahm in die Suppe geben, von der Hitze nehmen und einige Minuten nachziehen lassen. Mit Salz und eventuell einem Schuss Essig abschmecken. Mit dem Erdäpfelsterz servieren.

Tipp

Man kann die Suppe auch mit in Butter gerösteten Brotwürferln oder gebähten Weißbrotschnitten servieren.

Wiener Rumford-Suppe

Erfunden hat sie ein bayerischer Reichsgraf mit amerikanischen Wurzeln, bald darauf kam sie auch in der Habsburger-Hauptstadt an. Und wie alles, was den Wienern schmeckte, wurde dieses einfache Gericht schnell adoptiert und adaptiert.

Not macht erfinderisch

In Krisenzeiten hatte Suppe stets Hochsaison: Man konnte Reste verwerten und viele Menschen damit ernähren. Das wusste auch Benjamin Thompson, gebürtiger Amerikaner und späterer bayerischer Reichsgraf von Rumford, als er 1795 ein Gericht für die Soldaten des bayerischen Kurfürsten erfand: Graupen und getrocknete Erbsen, die über Stunden zu einem Brei verkocht wurden. Später kamen noch Erdäpfel dazu, Suppengemüse, Zwiebeln, Fleisch und manchmal Bohnen, Linsen oder Kraut.

Die „Rumford-Suppe" war geboren und trat ihren Siegeszug durch Europa an. Auch im Wien des Jahres 1822 lobte man: „Eine gesunde, nahrhafte, wohlschmeckende und wohlfeile Suppe … von höchster Nutzbarkeit." Es war jene Zeit, in der in Wien immer mehr Suppenküchen für Bedürftige entstanden. Hier wurde Essen gegen eine geringe Gebühr oder gratis angeboten. „Wozu die berühmte Rumford'sche Suppe den Anstoß gab", wie es in Aufzeichnungen von 1880 heißt.

Schweinskopf und Schwarzbrot

Was von den Damen der Oberschicht in wohltätigen Einrichtungen tatkräftig unterstützt wurde, fand bald auch Eingang in die bürgerliche Küche. So findet sich ein Rezept für „Rumforder-Suppe" auch bei Katharina Prato in ihrer „Süddeutschen Küche", einem vielfach verkauften Kochbuch-Klassiker der Wende vom 19. zum 20. Jahrhundert.

Prato nimmt für ihre Variante Rollgerste und Erbsen, fügt aber noch Erdäpfel, Rüben, Sellerie und einen „überkochten Schweinskopf mit der Brühe" hinzu. Serviert wird das Ganze dann mit gerösteten Schwarzbrotwürfeln.

Gerichte mit Geschichte

„Wir haben dieses Rezept in einem handgeschriebenen Kochbuch gefunden, das in der Küchenlade jenes alten Wiener Gasthauses lag, das wir vor fast 20 Jahren übernommen haben", erzählt dazu der Wiener Wirt Manfred Haas.

Er und sein Geschäftspartner sammeln auch seit Jahren historische Kochbücher: „Wir kochen immer wieder Speisen daraus nach, die heute nicht mehr alltäglich sind." Später finden die Gäste sie dann oft als *Gerichte mit Geschichte* auf der Speisekarte der Gastwirtschaft. „Die Rumford-Suppe ist in Wien immer wieder auch in Wirtshäusern gekocht worden und wurde dann an Krankenhäuser oder die Armen abgegeben."

Zutaten

150 g Trockenerbsen
1¼ l Fleisch- oder Gemüsesuppe
1 grüner Pfefferoni
40 g Graupen
1 Erdapfel
50 g Bauchspeck
1 Zwiebel, 1 Knoblauchzehe
1 Bund Suppengrün, 1 EL Öl
2 EL Zitronensaft
1 Bund gehackte Petersilie
Salz, Pfeffer

Zubereitung

1. Trockenerbsen mit Suppe aufkochen, zugedeckt bei schwacher Hitze garen.
2. Pfefferoni vom Kerngehäuse befreien, in Streifen schneiden und mit den Graupen zu den Erbsen geben. Erneut aufkochen, zugedeckt 10 Minuten garen.
3. Erdapfel schälen, würfeln, zugeben und weitere 15 Minuten garen.
4. Bauchspeck in Streifen schneiden, Zwiebel und Knoblauch fein hacken. Suppengrün zerkleinern.
5. Alle Zutaten im heißen Öl bei kleiner Hitze unter Rühren 5 Minuten rösten.
6. In die Suppe geben. Suppe mit Zitronensaft, Salz und Pfeffer würzen.
7. Mit Petersilie bestreuen, mit kräftigem Bauernbrot servieren.

Mühlviertler Nudelhenn

Ob als Auftakt zu einem oberösterreichischen Hochzeitsschmaus oder als herbstliches Wundermittel gegen Erkältungen: Nudeln müssen in dieser Suppe jedenfalls so viele drin sein, dass der Löffel steht.

Eine Kindheit mit Hühnern

Wenn sich Horst Harlacher an seine Kindheit in Haid bei Ansfelden in Oberösterreich erinnert, dann sind sie stets mit dabei: die Hühner, die die kleine Landwirtschaft seiner Großeltern bevölkerten. Sie hatten ihr Freigehege und ihren Stall, legten brav Eier und wurden mit Küchenabfällen sowie Maiskörnern versorgt. Ging es dem Ende zu, dann gehörte der letzte Akt eben auch zum Lauf der Dinge: „Dass die Großmutter hie und da ein Huhn geschlachtet hat, war für mich als Kind nichts Außergewöhnliches." Danach wanderten Berta, Wilma und wie sie alle hießen in den Kochtopf und wurden zusammen mit dem Gemüse aus dem Küchengarten zu köstlichen Suppen verarbeitet.

Nudeln oder Sauerkraut

Im Herbst gab es vorzugsweise Nudelhenn. Für dieses Gericht wurde die mindestens eine gute Stunde lang gekochte Hühnersuppe mit derart vielen Nudeln angereichert, dass kaum noch Flüssigkeit im Suppentopf schwappte. Der Löffel musste in der Schüssel praktisch stecken bleiben, ohne umzufallen. Die feinen Suppennudeln wurden dabei natürlich selbst hergestellt.

Eine andere Variante bildete eine Art Sauerkrautsuppe mit Huhn: „Das war ein Gericht aus der Heimat meiner Großeltern im serbischen Banat, das es bei uns meistens zu Silvester gab", erzählt Horst Harlacher. Und wurde das Huhn einmal zum Sonntagsbraten, so wanderte nur das Hühnerjunge – Hals, Flügel, Füße und Innereien – in die Suppe.

Stärkung für die Hochzeitsgäste

Ihren Ursprung hat die traditionelle Nudelhenn vermutlich im Mühlviertel. Dort findet sie sich in alten Kochbüchern meist in Zusammenhang mit Hochzeiten. „Der eigentliche Schmaus begann schon am Morgen, wenn die Gäste eintrafen", schreibt dazu Kochbuchautorin Helga Litschel in dem vergriffenen Buch *Busserlsuppen, Bauchstecherl und Rauwuzelkoch* über die oberösterreichische Traditionsküche. *„Sie kamen zum Teil von weit her"*, heißt es dort weiter, *„und konnten eine Stärkung wie eine Nudelhenn wohl gebrauchen. Verwendet wurden dabei jene Hühner, die der Hochzeitslader, der Prograder, von jenen Eingeladenen als Haussteuer bekommen hatte, die nicht an der Feier teilnehmen konnten."*

Zutaten

1 kleines Huhn
500 g Wurzelwerk (Karotten, Knollensellerie, Petersilienwurzel, Gelbe Rüben, Pastinaken)
1½ l Wasser
1 mittlere, grob geschnittene Zwiebel
Salz
Muskatnuss
Majoran
300 g Suppennudeln
Schnittlauch

Zubereitung

1. Das Huhn in 8 Teile teilen. Das Wurzelwerk waschen und putzen, aber nicht zerkleinern.
2. Die Hühnerteile im Wasser mit Wurzelwerk, Zwiebel, Salz, Muskatnuss und Majoran ca. 40 Minuten weich kochen.
3. Das Gemüse herausnehmen, in kleine Stücke schneiden und zurück zur Suppe geben. Auch das Fleisch herausnehmen, auslösen, klein schneiden und wieder zurück in die Suppe geben.
4. Die Nudeln in Salzwasser kernig kochen, abseihen und zur Suppe geben. Mit Schnittlauch bestreuen und anrichten.

Tipp

Suppen wurden auch oft nur aus dem sogenannten „Hühnerjungen" oder Hühnerklein zubereitet. Es besteht aus den weniger begehrten und fleischarmen Teilen wie Rücken, Flügel, Kopf, Hals und Füßen sowie aus den Innereien Herz, Magen und Leber.

Gemüse

Vom Gartl und von der Wies'n auf den Teller – Rüben und Kraut, Erdäpfel und Fisolen, Spargel und Wildkräuter

Schwäbische Kartoffelschnitz in d'r saura Soß

„Schmalhans' Küche" waren die Schnitz für Oma Christina. Für Enkelin Monika Hirsch aus Dillingen gab und gibt es nichts Besseres als diese herrlich einfache Bauernmahlzeit.

„Langt des eich?"

„Das Wichtigste ist, dass man die Kartoffeln richtig schön in die Soße drückt und sie sich gut vollsaugen können", schwärmt Monika Hirsch genießerisch und erinnert sich liebevoll an die früheren Besuche bei der Oma von München aus.

Oma Christina lebte zusammen mit ihrem Mann, Landwirt und Gemeindediener, im schwäbischen Eppisburg, einem Ortsteil von Holzheim.

Die kleine Monika und ihre Geschwister liebten die Tage bei der Oma. Alles war so aufregend: der große Garten mit dem Bächlein, die alten Obstbäume, vor allem der Apfelbaum mit der Hängematte, die selbst gebaute rote Schaukel, die bunten Wiesenblumen und all die herrlich duftenden Wildkräuter. Monika hat die Worte der Oma noch genau im Ohr, wenn's Mittagessen gab: „Ja mei, i hab halt Kartoffelschnitz in d'r saura Soß. Langt des eich?"

Wenig Geld und viel Hunger

Und wie das langte! Eine Hühnerbrühe hatte die Oma immer parat. Sie schlachtete noch selbst. Viel Geld hatte die Familie in den 1950er-Jahren nicht, dafür viel Hunger. Die Schnitz waren billig und machten satt. Als die Oma starb, war Monika 17 Jahre alt und selbst aufs Land gezogen. Dennoch mussten erst noch ein paar Jahre vergehen, bis sie sich für die Rezepte von früher interessierte und Mutter Elisabeth danach fragte. „Was willst du denn damit?! Das macht doch keiner mehr", antwortete die Mutter verwundert. Doch Monika sehnte sich nach Omas Kartoffelschnitz. Gerade im Winter – denn da gehören sie hin, deftig und herzhaft, wie sie sind!

Das i-Tüpfelchen

Schon Generationen vor der Oma gab es das Rezept in der Familie. Und man kennt es auch in mehreren Regionen in Schwaben, egal ob Bayern oder Baden-Württemberg. Eine Freundin hat Monika das bestätigt.

Aber das Geheimnis mit dem Zimt, das hat sie bisher nur im Rezept von der Oma entdeckt. Für sie ist es das Tüpfelchen auf dem i. Monika hat die Schnitz natürlich auch für ihre Kinder gekocht, allerdings gab es da zunächst keine Begeisterungsstürme. Als die Familie sich wieder mit dem Rezept beschäftigte, gab es dann doch einen Hoffnungsschimmer: Tochter Ines wollte unbedingt, dass Monika die Schnitz einmal wieder für sie kocht.

Zutaten

8 bis 10 große, festkochende Kartoffeln
1 große Gemüsezwiebel
1½ l Hühner- oder Gemüsebrühe
5 Wacholderbeeren
3 Piment im Ganzen
2–3 Lorbeerblätter
1 Schnapsglas Rotweinessig
1 EL Zucker, Salz
1 Messerspitze gemahlener Kümmel
1 TL Zimt (!), 1 Prise Zucker
Pfeffer und Petersilie

für die Einbrenne:
100–125 g Butter
6–8 EL Mehl

Zubereitung

1. Die Kartoffeln schälen und der Länge nach je nach Größe entweder in Viertel, Sechstel oder Achtel spalten, Zwiebel schälen, halbieren und in Scheiben schneiden, alles samt Brühe in einen Topf geben.
2. Wacholderbeeren, Piment und Lorbeerblätter zugeben und köcheln lassen, während die Einbrenne hergestellt wird (zirka 10 Minuten).
3. In einer tiefen Pfanne die Butter erhitzen und das Mehl unterrühren, sodass eine dunkle Einbrenne entsteht. Die Mehlschwitze mit ein paar Esslöffeln Hühnerbrühe ablöschen, bis sie sämig wird. Anschließend Rotweinessig, Kümmel, Salz, Zimt und Zucker zugeben und die Kartoffeln sowie die Zwiebel mit einem Schaumlöffel aus der Brühe in die Soße geben.
4. So viel Brühe nachgeben, dass die Soße weiter sämig bleibt. Alles zusammen mindestens weitere 10 Minuten simmern lassen, bis die Kartoffeln bissfest sind. Gut rühren und ab und zu etwas von der Brühe zugeben.
5. Mit frischer Petersilie und Pfeffer dekoriert servieren. Wer mag, kann gesottenes Rindfleisch (Tafelspitz) oder Hühnerfleisch dazu reichen.

Lavanttaler Spargeleierspeis

In den sandigen Böden entlang der Lavant in Kärnten gedeiht der Spargel seit Generationen gut. Angebaut wurde er im Bauerngarten – und in so mancher Küche war in der Saison fast jeder Tag ein Spargeltag.

Von Stuttgart nach St. Stefan

Wer denkt, dass Spargel eine Entdeckung der modernen Küchenkultur ist, irrt. Rudolf Habs und Leopold Rosner, Autoren des legendären „Appetit-Lexikons" aus dem 19. Jahrhundert, widmen dem „Kaisergemüse" bereits mehrere Seiten voller Lob. Auch die ersten historisch bedeutenden Anbaugebiete Europas werden vermerkt: 1565 „im Stuttgarter Lustgarten".

Von dort erreichte das Gemüse auch das Kärntner Lavanttal. „Meine Großmutter verbrachte als junge Frau einige Zeit in der Nähe von Stuttgart", erzählt Leserin Anna Sternath aus St. Stefan im Lavanttal. „Dort hat sie den Spargel kennengelernt und Wurzeln nach Kärnten mitgebracht, die sie im Hausgarten angebaut hat."

Mit dem Küchenmesser gestochen

Ein ganz besonderes Eckerl war's, in dem der Spargel von Großmutter Oswalda Sternath gehegt und gepflegt wurde. Jede neue Pflanze wurde händisch angehäufelt, die Nachbarn beäugten die ungewohnten Vorgänge anfangs skeptisch. Aber der Spargel fühlte sich wohl im sandigen Boden und milden Klima an der Lavant.

Bei den Sternaths war er bald das erste Gemüse des Frühjahrs, in warmen Jahren wurde ab Ende April geerntet. Dazu legte Oswalda, sobald sich erste Risse in der Erde zeigten, die unterirdischen Triebe frei und schnitt sie jeden Tag mit einem ausrangierten Küchenmesser ab (Spargel wird traditionell „gestochen"). War neben all der anderen Arbeit auf dem Hof einmal keine Zeit dafür, dann steckte der Spargel eben seine Köpfe ans Licht, wuchs weiter und wurde grün.

Tannenbäume im Gemüsegarten

„In meiner Volksschulzeit hat es in der Saison jeden Tag Spargel gegeben – weiß oder grün, mit Ei, mit Speck oder mit Bröseln", erinnert sich Anna Sternath. War die Ernte im Juni vorbei, wucherten die Triebe munter weiter. „Die Pflanze wird bis zu zwei Meter hoch und schaut dann fast aus wie ein Tannenbaum", sagt Anna.

Für den Sternath-Hof hat Oma Oswalda mit ihrem Mitbringsel übrigens die Basis für die heutige Haupteinnahmequelle gelegt. Seit 25 Jahren betreibt die Familie den Spargelanbau professionell. Anna Sternath: „Für unsere Äcker entlang der Lavant passt er einfach perfekt."

Zutaten

600 g grüner und weißer Spargel
500 g Erdäpfel
2 EL Butter
1 Zwiebel
Salz, Pfeffer
6 Eier
300 ml Schlagobers
Muskatnuss
gehackte Gartenkräuter (Kerbel, Petersilie, Schnittlauch)
gehackte Wildkräuter (junger Löwenzahn, Brennnessel)

Zubereitung

1. Den weißen Spargel waschen und schälen, die Enden abschneiden. Den grünen Spargel um knapp ein Drittel kürzen. Spargel in 5 cm lange Stücke schneiden.
2. Den weißen Spargel 3 Minuten in Salzwasser kochen, dann den grünen etwa 5–6 weitere Minuten mitkochen. Spargel kalt abschrecken.
3. Die Erdäpfel schälen und in sehr dünne Scheiben schneiden.
4. Würfelig geschnittene Zwiebel in heißer Butter kurz durchrösten.
5. Erdäpfel dazugeben, salzen, pfeffern, 5 Minuten braten. Spargel zugeben und alles bei schwacher Hitze weitere 5 Minuten dünsten.
6. Eier mit Obers verschlagen, würzen, Kräuter unterheben (ein wenig davon aufheben). Eiermilch zu Spargel und Erdäpfeln gießen und etwa 5 Minuten stocken lassen.
7. Zuletzt im vorgeheizten Backrohr mit Grillfunktion einige Minuten überbacken, bis die Eierspeis goldbraun ist. Mit den restlichen Kräutern bestreuen und servieren.

Schwäbisches Petersilienwurzelgemüse

Als kleines Mädchen war Monika Zeller aus Illerbeuren gar nicht begeistert, wenn die Mutter die herbe Wurzel auftischte. Das hat sich gründlich geändert. Aus herzlicher Abneigung wurde eine große Liebe.

Gemüse für die Suppe

Sie schmeckt fein-herb, natürlich nach Petersilie und „sieht aus wie ein zu klein geratener Rettich". So beschreibt Monika Zeller, Kreisheimatpflegerin aus Illerbeuren, die Petersilienwurzel. Die Schwäbin kennt das (von ihr einst ungeliebte) Gemüse schon aus Kindheitstagen, weil die Mutter es gern als Suppeneinlage zubereitete. So kam früher, als es noch keine Zucchini und Auberginen aus dem Supermarkt gab, auch in Herbst und Winter frisches Gemüse auf den Tisch. Petersilienwurzeln konnten einfach und lange gelagert werden.

Gut gelagert über den Winter

Wie das ging? „Man baute eine Erdmiete", sagt Monika Zeller, die sich als gelernte Köchin viel mit der regionalen Küche beschäftigt. In einem Halbkreis im Garten wurden im ausgehobenen Boden Stroh, geerntetes Wurzelgemüse und Erde abwechselnd übereinandergeschichtet. Das Gemüse blieb vor der Kälte geschützt und konnte bei den niedrigen Temperaturen auch nicht mehr austreiben. Diese Mieten waren etwa zwei Quadratmeter groß. Dort lagerten neben den Petersilienwurzeln Gelbe Rüben, Sellerie, Pastinaken und Kartoffeln. Das wertvolle Gemüse hielt bis ins nächste Frühjahr – länger als bei Kellerlagerung. „Das war die einzige Möglichkeit, Gemüse haltbar zu machen", erzählt Monika Zeller. „Das Einwecken kam erst in den 1930er-Jahren auf." Und ein Gefrierfach gab es auch noch nicht.

Selbst geerntet am besten

Monika Zeller hat das Ursprungsrezept fürs Petersilienwurzelgemüse ein wenig aufgepeppt. Statt Wein und Sahne verwendete man einfach Gemüsebrühe. Besonders gut schmeckt es zu Wild. Die leidenschaftliche Köchin erdachte auch eine Gratin-Variante, bei der sie die Wurzel und ein paar Kartoffeln mit Sahne, Käse und Ei überbäckt. „Inzwischen liebe ich die Petersilienwurzel, gerade weil sie so intensiv schmeckt." Längst wird sie von der Illerbeurerin im eigenen Garten angebaut, weil die eigene Ernte eben immer noch am besten mundet. Jedes Jahr im März sät Monika Zeller auf der Fensterbank, pflanzt nach draußen und erntet im Oktober. „Die Petersilienwurzel war wie die Pastinake ein typisches Nachkriegsgemüse – billig und unproblematisch. Nur steinigen Boden und frischen Stallmist mag sie nicht leiden." Die Pastinake hat ihr Schattendasein längst beendet. „Jetzt ist die Petersilienwurzel dran", sagt Monika Zeller.

Zutaten

4 Petersilienwurzeln (ca. 400 g)
1 Zwiebel
1 EL Butterschmalz
160 ml Weißwein
Salz, Pfeffer, etwas Muskatnuss
125 ml Sahne
gehackte Petersilie

Zubereitung

1. Petersilienwurzeln vom Kraut befreien. Waschen, schälen und in ca. 1 cm große Würfel schneiden.
2. In einem kleinen Topf Butterschmalz erhitzen, die klein gehackte Zwiebel darin andünsten. Die Petersilienwurzeln zugeben und einmal durchschwenken. Mit Salz, Pfeffer, Muskatnuss würzen, dann mit Weißwein ablöschen. Fünf Minuten gar ziehen lassen, sodass die Wurzeln noch ein wenig Biss haben.
3. Anschließend alles mit der Sahne abbinden. Zum Garnieren gehackte Petersilie drüberstreuen. Dazu schmecken Salzkartoffeln, an einem Festtag Wildgerichte.

Steirische Kräuter-Dorten

Die Wurzeln dieses bäuerlichen Frühlingsgerichts aus jungem Spinat und Eiern reichen bis ins Zeitalter des Barocks zurück.

Bäuerliche Küche ohne Fleisch

Es war die Zeit der großen Feste und Banketts – zumindest für Kaiser, Fürsten und Regenten des 17. Jahrhunderts. Mochten draußen auch Kriege oder Hungersnöte herrschen, der herrschaftlichen Feierlaune tat das keinen Abbruch. Es gab Suppen und Braten, Fisch und Fleisch, Obst, Gemüse und Süßigkeiten im Überfluss.

Die bäuerliche Küche dagegen war lange nicht so üppig. Sie unterlag strengen Regeln, deren Einhaltung genau verfolgt wurde, um die Standesunterschiede auch bei Tisch festzuhalten. Fleisch war eine Seltenheit, wenn nicht überhaupt verboten. Bauern und ihre Familien ernährten sich in erster Linie von dem, was sie im Garten und auf dem Acker anbauten.

Frühling im Gemüsegarten

Das Rezept für die steirische Kräuter-Dorten findet sich im ältesten gedruckten Kochbuch Österreichs: dem *Koch- und Artzney-Buch*, das im Jahr 1686 in Graz erschienen ist.

Für die Dorten braucht es vor allem Eier und Spinat. Diese Frühlingszutaten gab es einst auf jedem Hof. Wurden die Tage länger, legten die Hühner wieder regelmäßig Eier. Und war der Schnee verschwunden, gab's zarte Spinatblätter und Wildkräuter.

In der Originalversion des Rezepts findet sich dazu noch folgende kuriose Angabe: In die Masse gehöre auch „ein Theil Ayr-Töpffel", ein „Eier-Töpfel" also. Dafür wurden Eidotter in saurem Rahm gekocht und anschließend noch „fein außgesigen", was so viel bedeutet wie durch ein Sieb gestrichen. In späteren Versionen wurde das Eier-Töpfel durch Brösel ersetzt.

Mürzsteger Mangold

„Ich bin immer auf der Suche nach alten Rezepten", erzählt dazu Wahlsteirerin Marion Trska aus Mürzsteg. Sie hat die Kräuter-Dorten zusammen mit zwei steirischen Freundinnen – einer Kräuterpädagogin aus Mürzsteg und einer begeisterten Hobbyköchin aus Neuberg an der Mürz – in einer antiquarischen Rezeptsammlung entdeckt.

Und sie hat die Dorten sogleich mit Begeisterung ins persönliche Repertoire aufgenommen. „Ich mache sie mit jungen Wildkräutern, die rund um mein Haus wachsen. Oder auch mit den ersten Spinat- oder Mangoldblättern, die meine Mutter in ihrem Garten erntet."

Zutaten für 1 Auflaufform

1 Semmel
125 ml Milch
300 g gekochter, gehackter Spinat
3 Dotter, 2 EL gehackte Petersilie
Salz, Pfeffer
2 EL Brösel, 3 Eiklar

FÜR DIE AUFLAUFFORM
2 EL zerlassene Butter, 2 EL Brösel
40 g Butter

Zubereitung

1. Die Semmel in Milch einweichen, ausdrücken und faschieren.
2. Den Spinat bzw. die Kräuter mit Semmel, Dottern und Petersilie vermischen und würzen. Dann die Brösel und zuletzt den steif geschlagenen Schnee unterheben.
3. Die Masse in eine gut gefettete und mit Bröseln ausgestreute Auflaufform füllen, mit Butterflöckchen belegen und bei 160 °C ca. 30 Minuten backen.

Tipp

Die Kräuter-Dorten kann man auch genauso mit Bärlauch oder jungen Brennnesseln zubereiten.

Haadana Paundl-Sterz

Im Südburgenland stand Sterz aus Buchweizenmehl mit gekochten Bohnen einst das ganze Jahr über auf dem Speiseplan. Wenn's kalt war, wurde er mit Suppe gegessen, im Sommer trank man saure Milch dazu.

Bohnen am Freitag

Er gehörte jede Woche dazu: Der Haadana Paundlsterz wurde immer freitags zubereitet. „Er war das klassische fleischlose Fasttagsessen", erzählt Christa Wilfling. Regelmäßig stand er bei ihrer Großmutter im kleinen Ort Welgersdorf in der Nähe von Oberwart auf dem Tisch. Und nicht immer ist die Erinnerung daran ungetrübt. „Ich hab ihn gern gegessen. Bloß manchmal, wenn er der Großmutter nicht recht gelungen ist, war's schon so, als ob er immer mehr geworden wär statt weniger", sagt sie schmunzelnd.

Heute ist es fast umgekehrt: Da das traditionelle Gericht nur noch selten zubereitet wird, ist es etwas Besonderes. Und die beiden erwachsenen Töchter der Familie Wilfling – übrigens ausgezeichnete Köchinnen – fordern zuweilen: „Mama, du könntest wieder einmal Bohnensterz machen!"

Linden, bis es passt

Buchweizen war im Südburgenland ebenso wie in der benachbarten Steiermark lange Zeit die klassische Zweitfrucht. Er wurde nach der ersten Getreideernte im Sommer gesät. Da er schnell reift, konnte er bereits im September oder Oktober geerntet werden. Das daraus hergestellte Heidenmehl (daher kommt der mundartliche Begriff *Haadn*) gab es praktisch in jedem Haushalt. Und es wurde für viele Gerichte verwendet: von den Knödeln über den Nigl bis zum Sterz. Dabei ist seine Handhabung gar nicht so einfach: Erst muss man es linden, das heißt, in einer trockenen Pfanne gut anrösten. Dabei darf das Mehl auf keinen Fall braun oder dunkel werden. Bei Christa Wilfling lautet die Faustregel: „So heiß, dass man's nimmer angreifen kann." Dann wird das erhitzte Mehl mit der richtigen Menge Flüssigkeit – bitte bloß nicht zu viel, sonst wird's pampig! – aufgegossen und alles kräftig verrührt.

Schmalz zum Schluss

Die Bohnen für den richtigen Paundlsterz müssen am Vortag eingeweicht und dann weich gekocht werden. Traditionellerweise nahm man für das Gericht die kleinen rosa-schwarz-scheckigen Wachtelbohnen. „Die hatte jeder in seinem Küchengartl." Das Bohnen-Kochwasser wurde anschließend zum Aufgießen des Haadnmehls verwendet. Im Winter bereitete man mit etwas Sauerrahm, Salz und Pfeffer auch noch extra eine Suppe daraus. Die gekochten Bohnen wurden schließlich in den fertigen Sterz eingerührt, und das Ganze wurde zum Schluss noch mit einem ordentlichen Schuss flüssigem Schmalz übergossen.

Zutaten

150 g Wachtelbohnen
200 g Buchweizenmehl (Heiden- oder Haadnmehl)
750 ml Wasser
Salz
80 g Schmalz

Zubereitung

1. Bohnen über Nacht in kaltem Wasser einweichen. Abseihen und das Wasser wegschütten. Bohnen in Salzwasser weich kochen, abseihen und das Bohnenwasser aufheben.
2. Mehl in einer heißen Pfanne linden (ohne Fett unter ständigem Rühren erhitzen, dabei das Mehl nicht braun werden lassen), bis es dampft. Bohnenwasser zugießen und so lange kräftig rühren, bis das Mehl die Flüssigkeit aufgenommen hat. Ins Backrohr stellen und ziehen lassen.
3. Die Bohnen einmischen. Schmalz erhitzen und mit dem Sterz vermischen. Mit Buttermilch und Kompott oder mit gerösteten Speckwürferln und Salat servieren.

Kärntner Fisolenritschert

Was vom Selchfleisch übrig bleibt, landet entlang der Drau seit ewigen Zeiten in einem Eintopf mit Rollgerste. Zur Erntezeit im Gemüsegarten gibt's auch die langen grünen Bohnen dazu, die hier Strankalan heißen.

Erst das G'selchte, dann die Suppe

Am Anfang war das Fleisch. „Wenn es bei uns am Samstag G'selchtes gegeben hat, stand am Sonntag Ritschert auf dem Tisch", erinnert sich der gebürtige Villacher Gunter Stocker an seine Kindheitstage. In der geselchten Suppe nämlich, da kochten Großmutter und Mutter am nächsten Tag einen Eintopf. Die Hauptzutat bildete Rollgerste. War auch noch Fleisch übrig geblieben, dann kam es ebenso ins Ritschert wie andere Überbleibsel. „Es war ein Restlessen."

Gunter Stocker gehört übrigens bis heute zur Fraktion der erklärten Liebhaber des Ritscherts: „Ich mag's gern, es ist ein tolles Essen, wenn man zum Beispiel viele Gäste hat."

Weiche und harte Fisolenwörter

Je nach Saison kann das Ritschert deftig-herbstlich oder sommerlich-gemüsig ausfallen. In der kalten Jahreszeit werden neben Graupen auch eingeweichte getrocknete Bohnen verwendet. Im Sommer gibt's frische Fisolen aus dem Garten – oder wie sie in Kärnten heißen: *Strankalan*.

Diese typische Kärntner Bezeichnung für grüne Bohnenschoten leitet sich vom altslowenischen Wort *stro(n)k* für Schote oder Hülse ab. Wie man das Fisolen-Wort in Kärnten ausspricht, variiert stark. Im westlichen, höher gelegenen Oberkärnten wird es weich, also „Stranggalan", gesprochen, während die Unterkärntner von „Strankalan" reden. „Ich bin überhaupt mehrsprachig aufgewachsen", sagt Gunter Stocker. „Eine meiner Großmütter war aus der Steiermark, und sie hat Fisolen noch einmal anders genannt, nämlich *Baunscharln*."

Graupen für den Bischof

Gerstbrein, wie man in Kärnten auch zur Rollgerste sagt, verkochte man übrigens bereits in der Bronzezeit zu Ritschert. Reste der Getreideart wurden auch bei Ausgrabungen in den Salzbergwerken von Hallstatt gefunden.

Das Wort Ritschert selbst taucht erst später auf: Ein *Ru(e)tschart* wird erstmals 1534 im Klosterkochbuch von Tegernsee erwähnt. Davor hieß das Gericht schlicht und einfach „Gerste in fetter Fleischsuppe" – und es wurde selbst allerhöchstem Besuch serviert, wie Aufzeichnungen anlässlich eines Festmahles anno 1485 belegen: Auf Schloss Khünegg bei Hermagor wurde damals zu Ehren des Bischofs von Caorle aufgekocht; und unter „Achtens" in der Speisenfolge gab's die besagte üppige Getreidesuppe.

Zutaten

200 g Rollgerste
400 g Geselchtes
1 Bund Wurzelwerk
1 Zwiebel
1 Knoblauchzehe
300 g Fisolen
Salz
Pfeffer
3 EL fein gehackte Kräuter: Liebstöckl, Salbei, Selleriegrün

Zubereitung

1. Rollgerste über Nacht einweichen.
2. Das Geselchte mit dem geputzten Wurzelwerk, der halbierten Zwiebel und der Knoblauchzehe in ca. 2 l Wasser ca. 1 Stunde weich kochen.
3. Fleisch aus der Suppe nehmen, die Suppe durch ein Sieb in einen Topf gießen und auskühlen lassen.
4. Das Fleisch in kleine Würfel schneiden.
5. Fisolen putzen und in Stücke schneiden.
6. Fisolen und Rollgerste in die Suppe geben, mit Salz und Pfeffer würzen und etwa 15 Minuten köcheln lassen, bis ein dicklicher Brei entsteht.
7. Das Geselchte wieder zugeben, 1 EL der Kräuter einrühren und noch ein paar Minuten köcheln.
8. Zum Servieren mit den restlichen Kräutern bestreuen.

Eingebrannte Erdäpfel

Es gab Zeiten, da musste man mit einfachsten Zutaten Speisen kochen, die hauptsächlich eines konnten: eine Großfamilie satt machen. Es ist noch nicht allzu lange her, da waren die „Einbrennten Hund“ fixer Bestandteil der Alltagsküche. Gut schmecken tun sie auch heute noch.

Der Salat von gestern

Das ideale Rezept für „Eingebrannte Erdäpfel“ gibt's nicht, dafür reichlich Variationen. Recht verbreitet ist folgende Variante, die ohne Zwiebel auskommt: Erdäpfel werden blättrig geschnitten und in einem Sud aus Wasser (oder Rindsuppe), einer kleinen Prise Zucker, Kümmel, Lorbeerblatt und Salz zugestellt. Sind sie fast weich gekocht, werden sie mit dem Sud zu einer gleichzeitig hergestellten Einbrenn gegeben, ein Spritzer Essig und nach Belieben auch einige blättrig geschnittene Essiggurkerln runden das Ganze ab.

Der Altmeister der Wiener Nachkriegsküche, Franz Ruhm, bereitete die Einbrenn für die „Einbrennten Hund“, wie sie auf Ostösterreichisch heißen, mit Selchspeck, Knoblauch und Petersilie zu. Und als Geheimtipp für die Restlverwertung kursiert auch ein Rezept, in dem einfach der fertige Erdäpfelsalat vom Vortag in einer Einbrenn erhitzt wird.

Solo oder im Duett

Das Grundrezept eignet sich ideal dafür, es mit individuellen Geschmackskomponenten auszustatten. Die bekannteste Version sind Dillkartoffeln. Aber auch Majoran, Oregano oder Thymian geben den Erdäpfeln eine besondere Note. Vor allem zur Begleitung des traditionellen gekochten Rindfleischs eignen sich derart gewürzte „Einbrennte“, während die Variante mit Essiggurkerln eher zu gebratenen Augsburgern oder Knackwürsten passt, aber auch solo ein vollwertiges Gericht darstellt.

Viel Gemüse, eine Einbrenn

In der österreichischen und deutschen Küche spielte die Einbrenn jahrzehntelang eine Hauptrolle. Das galt vor allem auf dem Land, in der Armeleuteküche sowie in Kriegs- und Notzeiten. Und es gibt fast kein Gemüse, das nicht mit Einbrenn zubereitet werden kann: Kohlrabi und Kraut, Spinat, Sauerkraut und Kochsalat, Linsen etc. Die Liste ist schier endlos.

Erst mit der zeitgenössischen Küche ab Mitte der 1970er-Jahre verlor die Einbrenn an Stellenwert, weil weniger Sättigung als Gesundheit und Schlanksein angesagt waren. Die Basis der „Einbrennten Erdäpfel“ ist jedoch die Einbrenn, die zum Binden dient. Wer darauf verzichten möchte, hat folgende Möglichkeit: Speckige und mehlige Erdäpfel im Verhältnis 3:1 mischen. Mehlige kleinwürfelig im Sud weich kochen, dann die in Scheiben geschnittenen speckigen dazugeben und weiterkochen, bis sie gar sind. Erdäpfelscheiben herausheben, die mehligen Würferln mit einer Gabel zerdrücken, Scheiben zurückgeben, nach Belieben würzen, fertig.

Zutaten

600 g Erdäpfel
1 Zwiebel
3 EL Butter
Kümmel, Salz
etwas Rindsuppe
½ Lorbeerblatt
1 EL Mehl
1 Spritzer Essig
250 ml Sauerrahm
Schnittlauch zum Garnieren

Zubereitung

1. Erdäpfel schälen und dünnblättrig schneiden.
2. Zwiebel schälen, klein schneiden und in Butter gelb anschwitzen. Erdäpfel zugeben, mit Kümmel würzen und mit nicht zu viel Rindsuppe aufgießen.
3. Lorbeerblatt einlegen, salzen, mit einem Deckel zudecken und Erdäpfel halbweich kochen.
4. Inzwischen aus 1 EL Butter und Mehl eine Einbrenn zubereiten und mit etwas Kochsud aufgießen. Zu den Erdäpfeln geben, glatt rühren, mit Essig säuern.
5. Langsam weiterkochen, bis die Erdäpfel weich sind. Dann das Lorbeerblatt entfernen, Erdäpfel mit Sauerrahm abschmecken und mit Schnittlauch garnieren.

Waldviertler Saure Rüben

„Ruab'n für die Buab'n" hieß es einst, um die sauer eingelegten und deftig mit Speck und Einbrenn gekochten Feldrüben besonders der männlichen Jugend anzupreisen. Und warum? Vielleicht einfach, weil sich's so schön reimt.

Durch „Gährung gesäuert"

Lang bevor Paradeiser oder Paprika uns süß und knackig am Gaumen kitzelten, gab's bei uns vorzugsweise Erdäpfel, Kraut und Rüben. Und die Notwendigkeit, dieses Gemüse für einen langen Winter haltbar zu machen. *Durch Gährung gesäuertes Gemüse* stand dazu in den Kochbüchern zu lesen, und es folgte zum Beispiel die fachgerechte Anleitung zum Einlegen von Stoppel- oder Ackerrüben.

Je nach regionalen Besonderheiten gab es in Salzburg *Ruab'nkraut* – geschnetzelte Rüben, die mit etwas Sauerkraut eingelegt wurden – oder man schichtete die Rüben mit geriebenem Kren. In Kärnten ließ man das Salz weg, zuweilen spritzte man saure Milch auf die Rübenschichten oder legte Brotscheiben dazwischen – beides beschleunigt den Gärvorgang.

Schneiden, schichten, streuen

Der Vorgang des Einsäuerns musste jedenfalls sorgfältig überwacht werden, Sauberkeit war oberstes Gebot. Gewaschen, oft auch geschält, wurden die Rüben zerhackt oder geschnitten, in ein Gefäß geschichtet, mit Salz und Kümmel bestreut, mit einem Leinentuch sorgfältig abgedeckt und mit Brett, Deckel und Steinen beschwert.

Nach ungefähr drei Wochen musste das Wasser dann abgezogen oder abgetupft werden. Und das alles bitte recht vorsichtig. Danach wurde wieder Wasser zugegeben und das Procedere so Woche für Woche wiederholt.

Mit dem Rübenhobel

Fürs Schnetzeln der Rüben wurde eine sogenannte Zahnscharbe verwendet. Scharben wurden früher allerlei Schneide- oder Schälgeräte genannt, die fürs Wurzelwerk hatten einen ganz speziellen Zackenschnitt und hießen auch Rübenhobel.

Der Waldviertler Demeter-Bauer Martin Allram, der heute selbst eine Vielzahl von Rüben und Wurzelgemüsen anbaut, kann sich noch gut ans Einlegen und Versäuern früherer Zeiten erinnern. „Meine Großmutter hat das regelmäßig gemacht", erzählt er. „Und den ganzen Winter über wurden die Sauren Rüben dann gegessen und verkocht. Gut gemerkt hab ich mir auch ihren Spruch: *Ruab'n für die Buab'n*. Aber ich muss ehrlich gestehen, ich hab eigentlich keine Ahnung, was der genau heißen sollte!", sagt er und lacht.

Zutaten

500 g Saure Rüben
½ TL Kümmel, etwas Salz
1 Apfel
80 g Selchspeck
100 g Zwiebel
30 g Mehl
etwas zerdrückter Knoblauch

Zubereitung

1. Rüben mit Kümmel und Salz würzen. Apfel waschen, blättrig schneiden und untermischen.
2. Rüben in einen Topf geben, mit Wasser bedecken, 15 Minuten stark kochen. Dann das Wasser abgießen und auffangen.
3. Speck und Zwiebel kleinwürfelig schneiden und in einem Topf langsam hellbraun anschwitzen.
4. Mehl kurz mitrösten, mit dem Rübenwasser aufgießen und einem Schneebesen glatt rühren.
5. Knoblauch einrühren und zu einer sämigen Sauce verkochen. Die Rüben zugeben, einmal aufkochen und servieren.

Suure Bohna mit Schmarra

Im Vorarlberger Rheintal sind eingebrannte Fisolen ein beliebtes und traditionelles Gericht. Für den richtigen Pfiff macht Essig die Sauce ein wenig säuerlich – oder „suur", wie man hier sagt.

Fleischlos glücklich
In der Tradition der bäuerlichen Küche Vorarlbergs spielte Fleisch eine eher untergeordnete Rolle. Braten wurde höchstens an Sonn- oder Festtagen aufgetischt, und auch das lange nicht in dem Ausmaß wie in anderen Gegenden Österreichs. Auch Viehhaltung gab's in Vorarlberg vergleichsweise wenig. Wenn, dann hatten die Bauern vor allem die Montafoner Rinder, die Milch für die Käseproduktion der Almen lieferten, oder ein paar Ziegen für den Hausgebrauch.

Umso größere Bedeutung kam in Vorarlbergs Küchen im Alltag den Gemüse- und Getreidegerichten zu.

Fisolen, Schefl oder Spitzöla
Hülsenfrüchte standen dabei immer schon besonders gern auf dem Speiseplan. Erbsen, Bohnen, Kichererbsen, Brockelerbsen oder Fisolen gab und gibt es in vielen Varianten – und unter den verschiedensten Namen: *Krüchöra* sagt man etwa in Lustenau zu getrockneten Bohnen, *Höckerle* heißen die Buschbohnen, die grünen Stangenbohnen sind *Spitzöla* oder zuweilen auch *Spiggöle* (übrigens ein Begriff, der sich wahrscheinlich vom italienischen *spicchio* für Hülse oder Schote ableitet). Und was in der Gegend um Dornbirn *Stickelbohnen* sind, kennt man im südlichen Vorarlberg als *Schefl*.

Vom Sommer bis in den Herbst hinein wurden die frischen grünen Schoten der Hülsenfrüchte gegessen. In der kalten Jahreszeit gab es dann das getrocknete Innenleben, die Bohnen, die sich gut lagern ließen. Und Erbsen wie Bohnen wurden oft auch in Kombination mit der traditionellen Gerstensuppe, einem sehr typischen Winteressen, verspeist.

Ein Stück für den Geschmack
Grüne Bohnen mit Spätzle oder ungezuckertem Schmarren erfreuen sich bis heute großer Beliebtheit. „Das steht bei uns daheim noch immer oft auf dem Tisch. Ursprünglich kenn ich's von meiner Mutter", erzählt Albrecht Zauner aus Lustenau. Und für die Zubereitung der Spitzöla verrät er noch einen Geheimtipp: „Ich gieße die Fisolen mit einer Suppe auf, in der ein Stückle mitgekocht wurde. Stückle sagt man bei uns zum geräucherten Schweinefleisch, entweder von den Rippen oder vom Hals. Das gibt mehr Geschmack."

Zutaten

600 g Stangenbohnen (Spitzöla)
Wasser, Salz, Thymian,
60 g Speck, 1 Zwiebel, Butter,
ca. 40 g Mehl, 2 EL Essig,
etwas Suppe, 1 Lorbeerblatt

FÜR DEN SCHMARRA
4 Eier, 120 g Mehl,
¼ l Milch, etwas Butter

Thymian zum Bestreuen

Zubereitung

1. Die Stangenbohnen in Stücke schneiden und in Salzwasser mit Thymian bissfest kochen. Das Wasser abgießen und die Bohnen mit kaltem Wasser abschrecken.
2. Speck kleinwürfelig schneiden und mit einer klein geschnittenen Zwiebel glasig rösten.
3. Eine mit Essig gesäuerte, nicht zu dunkle Einbrenn aus Butter, Mehl und Wasser machen und dazugeben.
4. Stangenbohnen untermischen, mit Wasser oder Suppe aufgießen (das Wasser kann je nach Geschmack auch mit Essig gesäuert werden). Mit Salz, Thymian und Lorbeerblatt würzen und verkochen.
5. Für den Schmarra die Eier trennen, Dotter mit Mehl und Milch glatt rühren.
6. Eiklar mit Salz zu festem Schnee schlagen und unter die Dotter heben.
7. In einer feuerfesten Pfanne etwas Butter zerlassen, die Masse einfüllen und 2 Minuten leicht anbraten. Die Pfanne in den Ofen schieben und unter starker Oberhitze fertig backen.
8. Den Schmarra mit zwei Gabeln zerreißen, Bohnen mit Thymian bestreuen und mit dem Schmarra servieren.

Fleisch und Fisch

Gerichte und Geschichten
rund um Schlachtessen, Jägerglück
und Petris Feiertage

Oberpfälzer Gansjung

Immer wenn Oma Roswitha eine Gans schlachtete, dann duftete es schon vor dem Braten ganz köstlich – nach dem traditionellen Gansjung-Essen.

Bloß nichts wegwerfen

„Heute wird ja so manches weggeworfen, früher war das anders", sagt Roswitha Scheidler aus Harlesberg bei Theisseil. Sie spricht über Gänse und Gänsebraten. Gans gab's sonntags, zum Beispiel rund um St. Martin. „Und drei Tage vorher, am Donnerstag, habe ich schon das Gansjung gemacht." Da kamen Kopf, Hals, untere Flügel, Magen, Herz und Datscher, wie die Ständer oder Beine in der Oberpfalz heißen, in den Topf. „Das ist ein Vorgeschmack auf den Gänsebraten am Sonntag."

Federn für die Nacht

Früher, da hat Oma Roswitha auch das kostbare Kleid der Gans verwendet. „Wir haben die Federn gerupft. Im kalten Winter haben wir uns damit gewärmt, das heißt: Wir stopften sie ins Ober- und ins Unterbett." Schon ab Juni wurden die Gänse alle sechs Wochen gerupft, selbstverständlich ganz vorsichtig. „Im Sommer rannten sie dann immer recht nackert umher." Heute ist das Lebendrupfen natürlich verboten.

Oma Roswitha kennt sich jedenfalls aus mit der Gans: „Am besten schmeckt sie, wenn sie gut aufgewachsen ist", sagt die Bäuerin. „Sie muss am Wasser gelebt haben, sie muss baden gegangen sein, wann immer sie wollte, dann hat sie es sich wohlergehen lassen." Von so einer Gans schmecken Fleisch und Gansjung besonders gut.

Dann gibt es auch noch den Unterschied zwischen Herbst- und Weihnachtsgans, was vielerorts nicht mehr beachtet wird. „Die Weihnachtsgans kommt zum Schluss in den Stall, wo sie mit Hafer gefüttert wird. Da schmeckt das Fleisch dann gleich wieder ganz anders."

Ein Fall für Liebhaber

Beim Gansjung ist jedenfalls „die Soße die Musik. Da kommt es drauf an, ob der Koch oder die Köchin gut abrunden kann. Das lässt sich leider in keinem Rezept beschreiben, das muss jeder selbst erschmecken."

So war das früher, da gab es weniger Kochbücher, vieles wurde mündlich überliefert, von Generation zu Generation. „Gansjung, das machen nur Leute aus meiner Generation." Die anderen, sagt Oma Roswitha, kennen es nicht. „Aber die Leute, die heut noch Gansjung machen, das sind richtige Liebhaber. Die kaufen die Gans direkt beim Züchter."

Zutaten

Kopf, Hals, untere Flügel, Magen, Herz und Beine von einer frisch geschlachteten Gans

FÜR DIE ESSIGBEIZE
1 l Wasser, 250 ml Speiseessig, Wurzelwerk (Sellerie, Petersilie, Gelbe Rübe), 2 Zwiebeln, 1 Zitronenschale, 10 Wacholderbeeren, 4 Pfefferkörner, 4 Senfkörner, 2 Nelken, 1 Lorbeerblatt, Salbei, Rosmarin, Thymian

FÜR DIE ZUCKEREINBRENNE
40 g Fett, 20 g Zucker, 50 g Mehl, ½ klein gehackte Zwiebel, Rotwein, Rahm, Salz, Zucker

Zubereitung

1. Zuerst die Essigbeize anrichten. Dazu alle Zutaten mischen, aufkochen, gut abkühlen lassen.
2. Gansjung anschließend mit der Beize übergießen, einen Tag kühl stellen. Am nächsten Tag die Beize abseihen und auffangen.
3. Für die Zuckereinbrenne Zucker in heißem Fett hellgelb bräunen (er darf nicht braun werden, sonst schmeckt's bitter!), Mehl zugeben, goldgelb rösten, Zwiebeln zugeben, alles goldbraun rösten, dann sofort die Beize zugeben. Soße zehn Minuten kochen; mit Rotwein, Rahm, Salz und etwas Zucker abrunden.
4. Das Jung je nach Belieben entbeint oder geteilt 20 bis 30 Minuten in der Soße weich garen. Zum Gansjung isst man in der Oberpfalz „Spouzn" (Knödel) oder „Doutsch" (Reiberdatschi) mit Blaukraut oder Preiselbeeren.

Tipp

Die Gänseleber kommt nicht mit in den Gansjung-Topf, dazu ist sie zu fein. Am besten wird sie gesondert und mit klein gehackten Zwiebeln angebraten.

Schweinsripperl mit Ruim-Granl

Die Triebe der im Keller gelagerten Stoppelrüben wurden im Südburgenland einst den ganzen Winter über geerntet und als Salat oder Gemüse gegessen.

Gemüse, das im Keller wächst

Wenn die Rüben eine Zeitlang im Keller gelagert hatten, war es so weit: Dann ging man hinunter und holte sich Gemüse. Aber nicht die Rüben selbst, sondern das, was sie trotz Dunkelheit und Winterkälte produzierten: „Ruim-Granl", zarte hellgrüne Triebe, die sich an der Oberseite der Knollen etwa ab Ende Dezember oder Anfang Jänner bilden. „Das war das einzige frische Grün, das es früher zu dieser Jahreszeit gab. Meine Großmutter hat es entweder roh zu einem Salat verarbeitet, oder es wurde gedünstet", erzählt Eugen Posch aus Oberwart im Südburgenland, aus dessen Familie dieses Rezept stammt.

Ein Ruimacker gehörte dazu

Rüben waren bis ins Mittelalter ein Grundnahrungsmittel – ob frühe Mairüben oder späte Herbstrüben, die auch als Acker-, Stoppel- oder Wasserrüben bekannt sind. Mit dem Aufkommen der Erdäpfel wurden sie fast völlig von der Speisekarte verdrängt.

Dennoch hat man sie weiterhin angebaut. Ein „Ruimacker" gehörte zu jeder Landwirtschaft. Die kugelbauchigen Rüben mit der weißlich-violetten Färbung wurden als Tierfutter verwendet, lieferten frische Triebe für die Küche oder wurden – ähnlich wie Sauerkraut – eingesalzen und sauer vergoren.

Im späten Herbst, ab Oktober, wurden sie geerntet und in Erdkellern gelagert. „Dort herrschen die Bedingungen, die sie brauchen, um auszutreiben: feucht, kühl und dunkel", so Eugen Posch. Er lebt auf dem ehemaligen Hof seiner Großeltern in Oberwart. Hier gehen auch heute noch Gänse und Hühner spazieren, und hier sprach man bis in die 1970er-Jahre hauptsächlich Ungarisch.

Mit Erdäpfeln zum Gansl

Er selbst hat das alte Gericht seiner Großmutter vor einigen Jahren wieder ausgegraben. Seitdem steht es jedes Jahr auf dem Speisezettel, sobald die ersten Triebe – „Wir haben *Repacsira* gesagt" – schießen. Und auch die Landwirte der Region besinnen sich der alten Tradition. Ruim und Granl werden auf dem Oberwarter Bauernmarkt wieder angeboten.

Familie Posch kocht sie jedenfalls am liebsten zum Gansl oder mit Schweinsripperln als *Sertésborda répacsirával.* Und mit Erdäpfeln: „Die herben Granl mit den milden Erdäpfeln – einfach wunderbar."

Zutaten

100 g gehackte Zwiebeln
1,5 kg ausgelöste Schweinsripperl, in 4 cm große Stücke geschnitten
50 g Schmalz
Salz, Pfeffer, Paprikapulver
750 g Ruim-Granl bzw. Repacsira
500 g Erdäpfel, roh, geschält und in Scheiben geschnitten
1 EL Essig, 1 EL Zucker

Zubereitung

1. Zwiebeln in einer Bratrein mit Deckel in Schmalz glasig rösten, Ripperl dazugeben, ebenfalls anbraten.
2. Salzen, pfeffern und Paprikapulver einrühren. Mit etwas Wasser aufgießen. Deckel auf die Pfanne geben und das Fleisch ca. 45 Minuten dünsten.
3. Rübentriebe (Ruim-Granl) mit heißem Wasser übergießen und abseihen.
4. Zusammen mit den Erdäpfelscheiben zum Fleisch geben, mit Wasser bedecken, Essig und Zucker dazugeben, 15–20 Minuten gar dünsten. Ein paar frische Triebe zum Garnieren verwenden.

Tipp

Die Ruim-Granl sind etwas bitter, da passt der Zucker gut dazu. Wie bitter, hängt übrigens vom Licht ab: Wenn es im Keller ganz dunkel ist, bleiben sie heller und schmecken weniger bitter.

Mittelfränkische Metzelsubba

Den Eintopf aus Blut- und Leberwurst gab es früher an Schlachttagen in der kalten Jahreszeit. Rita Stüber kann sich noch gut an ihre Kindheit auf dem Bauernhof erinnern.

Frischer geht's nicht

„Im November war es immer so weit", erzählt Rita Stüber aus Rednitzhembach in Mittelfranken, Bayern. Schlachtzeit, das hieß: Es gibt „Metzelsubba".

Rita ist auf einem typisch fränkischen Bauernhof in Dorfgütingen bei Feuchtwangen aufgewachsen – mit ein paar Schweinen, Kühen, Hühnern und Hasen. Die Landwirtschaft betrieben Großeltern und Eltern nebenher. Die ganze Familie musste zusammenhelfen, auch beim Schlachten. Früh um fünf Uhr waren alle auf den Beinen. „Mein Bruder musste die Schweine halten, ich hab Blut gerührt", erinnert sich Rita Stüber. Die erste Pause war um zehn Uhr. Da gab's Kesselfleisch. Dann wurden die Blut- und Leberwürste gefüllt. Die gehören in eine echte Metzelsubba.

Aus uralten Kisten

Weil das Erbrecht in Franken seit Generationen vorsah, dass Grund und Boden auf alle Kinder gleich verteilt wird, schrumpften die Anwesen. Als Rita zehn war, starb die Oma. Der Vater machte noch ein paar Jahre weiter. Aber der Hof, das Schlachten, das war alles zu aufwendig. So geriet das Rezept der Metzelsubba in Vergessenheit. Bis Rita Jahrzehnte später den heute leer stehenden Hof ausräumte. Es war wie eine Zeitreise zurück in die Kindheit. So entdeckte sie die alten Sagen und Legenden wieder, die sie einst so liebte, wie zum Beispiel die von der Erfindung des Rauchfleisches. Die Dorfgütinger hätten, so heißt es, ihr Fleisch im Dreißigjährigen Krieg im Kamin versteckt. Als die Gefahr vorüber war, gab es nichts mehr zu essen. So nahmen sie das Fleisch aus dem Rauch – und es schmeckte.

In einer der vielen Kisten zwischen Büchern und Zetteln fand Rita eben auch das Rezept von Omas Metzelsubba.

Im Ganzen in den Topf

Rita hat noch niemanden getroffen, der das Rezept genau so kennt. Sie weiß nur, dass man ähnliche Suppen auch in anderen Regionen zubereitet. In Oberfranken etwa. Basis ist dort die Brühe, die sich bei der Herstellung der Würste bildet. Wahrscheinlich entstand auch Ritas Metzelsubba aus der einstigen Wurstbrühe. Denn beim Kochen passierte es immer wieder, dass ein paar Würste platzten. Sicherlich hat man früher – im Gegensatz zu heute – die frisch gemachten Würste nicht absichtlich gleich wieder von ihrer Haut befreit.

Zutaten

1 Zwiebel
30 g Schweineschmalz
1½–2 l Fleisch- oder Gemüsebrühe
2 Leberwürste
2 Blutwürste
1 TL Salz
frischer Pfeffer
1 gestrichener EL Majoran
½ TL gemahlene Muskatnuss
1 Ei
100 g Mehl

Zubereitung

1. Zwiebel in Scheiben schneiden und in Schweineschmalz anbräunen, mit der Brühe aufgießen.
2. Die Würste häuten und die Füllung in die Brühe geben, fünf Minuten kochen lassen.
3. Gewürze zugeben und weitere fünf Minuten köcheln.
4. Ei mit Mehl in einer Schüssel verrühren, sodass Teigbrösel entstehen.
5. Die Brösel in den Händen weiter zerreiben und in die kochende Brühe geben, zwei Minuten mitkochen und servieren. Dazu frisches Roggenbrot servieren.

Tipp

Das im Fränkischen gebräuchliche „Metzeln“ (für Schlachten) stammt ursprünglich aus dem 15. Jahrhundert; der Begriff selbst geht auf das griechische Wort „mákellon“ für Fleischhandel zurück.

Altwiener Maschinrostbraten

Der Rostbraten führt in Wien seit Jahrhunderten ein hochgeschätztes Dasein. Gut ein Dutzend Zubereitungsarten gibt es. Diese Variante kommt aus der „gedeckten Maschin'", einem frühen Druckkochtopf.

Rindfleisch für alle

Bereits im Mittelalter gehörte Rindfleisch zu den beliebtesten Lebensmitteln der städtischen Bevölkerung. Ob in Graz oder in Wien – es sollte für jedermann erschwinglich sein. Die unterschiedliche Qualität der einzelnen Teile spielte dabei lange Zeit keine große Rolle. Jedes Stück wurde ab 1460 zum gleichen Kilopreis verkauft. Das war in Wien sogar Gesetz.

Erst im 19. Jahrhundert wurden die Edelteile höher bewertet. Die „Wiener Teilung" von 1873 erhob Beiried, Lungen- und Rostbraten gleichsam in den Adelsstand.

Gurkerln & Kapern in der Maschin'

Die rindfleischverliebten Wiener brachten es auch zur wahren Meisterschaft in der Zubereitung von Ochs und Co. Zur Zeit der großen Kochbuchautorinnen Katharina Prato oder auch Marie von Rokitansky um die Wende vom 19. zum 20. Jahrhundert etwa werden allein 12 verschiedene Rostbraten-Varianten verzeichnet – gedünstete, gegrillte, faschierte oder gefüllte. Zubereitet wurden die Teile vor allem auf dem Bratrost – was dem berühmten Gericht ja auch seinen Namen bescherte – und eben in der *gedeckten Maschin'*, einem Vorläufer des Druckkochtopfs.

Die meisten Varianten in der Maschin' beinhalten klassische Würzzutaten der Wiener Küche wie Gurkerln und Kapern, es gibt aber auch welche mit Paprika und ganz vielen Zwiebeln. Rostbratenvielfalt eben, ganz im Sinne der großen Damen der Wiener Küche.

Der Topf, der unter Druck steht

„Ich kann mich erinnern, dass ich als Kind den Namen des Gerichts besonders lustig fand", erzählt Johanna Büchner, die den Maschinrostbraten noch von ihrer Großmutter kennt. „Allerdings wurde er bei uns nicht im Schnellkochtopf gemacht, sondern im Rohr in einer Bratrein mit dicht schließendem Deckel."

Die Original-„Maschin'" war jedenfalls ein Vorläufer des Druckkochtopfs und ein Produkt des Erfinders der Dampfmaschine, Denis Papin. Er entwickelte um 1674 ein Kochgeschirr mit speziellem Deckel, das luftdicht verschlossen werden konnte. Ein Ventil verhinderte allzu großen und gefährlichen Überdruck. So konnte das Gargut stärker erhitzt werden und war schneller fertig.

Zutaten

1 dicke Scheibe Rostbraten (Beiried) von 800–900 g, 100 g Selchspeck, 1 Zwiebel, 500 g Erdäpfel, 150–200 ml Wasser oder Suppe zum Aufgießen, 100 g gehackte Essiggurkerln, 1 Bund gehackte Petersilie, abgeriebene Schale von 1 Zitrone, 10 Kapern, 3 EL Sauerrahm, Salz, Pfeffer

Zubereitung

1. Speck und Zwiebel fein schneiden und in etwas Öl andünsten. Rostbraten dazugeben und auf beiden Seiten gut anbraten.
2. Erdäpfel schälen, in Scheiben schneiden und auf dem Boden der Maschin' oder des Schnellkochtopfs verteilen. Rostbraten salzen, pfeffern und auf die Erdäpfel legen.
3. Speck-Zwiebel-Mischung mit der Suppe aufgießen, gehackte Essiggurkerln, Petersiliengrün, Zitronenschale, Kapern und Rahm einrühren.
4. Sauce einmal aufkochen lassen und über den Rostbraten leeren. Danach den Deckel verschließen und zirka 15 Minuten im Schnellkochtopf dünsten. (Alternativ kann man das Gericht auch in einer Pfanne mit gut schließendem Deckel zubereiten und im Rohr bei 180–200 °C etwa 30 Minuten weich dünsten.)
5. In Scheiben geschnitten servieren.

Salzburger Bierfleisch

Ein altehrwürdiges Gericht, das zwei Traditionen der Mozartstadt in einem Topf vereint: Rindfleischgenuss und Bierkultur.

Die Fleischer an der Salzach
Gekochtes oder geschmortes Rindfleisch ist vom Speisezettel der Salzburger nicht wegzudenken. Früh entwickelte sich hier das Fleischerhandwerk: Bereits in der Stadt- und Polizeiordnung von 1524 sind die entsprechenden Regelungen angeführt. Bis heute sind zahlreiche historische Zunfttruhen oder Firmenschilder erhalten, die von der Vielseitigkeit dieses Handwerks in der Stadt an der Salzach erzählen.

Der letzte Stier
Auch die berühmte Geschichte vom Salzburger Stierwaschen zeigt den Stellenwert, den Rinder für die Stadt hatten. Als Salzburg im Zuge der Bauernaufstände des 16. Jahrhunderts belagert wurde, griff man zu einer List, um zu verhindern, dass die Stadt ausgehungert wurde.

Man zeigte den letzten verbliebenen und braun gefleckten Stier demonstrativ den Belagerern. Dann wurde das Tier in den Stall gebracht, weiß bemalt und erneut auf die Bastei geführt. Als derselbe Stier zum dritten Mal – diesmal in Schwarz – den Belagerern gezeigt wurde, gaben diese die Hoffnung auf, dass den Salzburgern jemals die Nahrung ausgehen würde, und zogen ab. Der Stier wurde danach unter großem Jubel gewaschen, bis er wieder braun gefleckt war.

Mozart und das dunkle Bier
Die Stiere und Ochsen für die Stadt stammten zumeist von den Almen der umliegenden Gaue. Man verspeiste Pongauer Rinder, Salzburger Schecken und natürlich Pinzgauer. Dazu wurde das Nationalgetränk schlechthin getrunken: Bier. Nicht umsonst trägt Salzburg den Beinamen Braustadt; diese Tradition reicht bis ins 15. Jahrhundert zurück. An die 100 Brauereien gab es im 17. Jahrhundert in Stadt und Land. Auch Meister Wolfgang Amadeus Mozart soll übrigens Bier geliebt haben, vor allem dunkles.

„Ich hab das Rezept in einem alten Salzburger Kochbüchlein gefunden, gleich ausprobiert und koche es seither immer wieder", erzählt Sieglinde Sporer aus Salzburg. Sie bereitet das Gericht wahlweise mit dunklem oder hellem Bier zu.

Zutaten für 4–6 Personen

1 Zwiebel, Butter zum Anbraten
750 g Rindfleisch (fettes Meisel oder dicke Schulter)
150 g Schinken
2 EL Mehl
½ l dunkles Bier
Salz, Pfeffer
Thymian, Petersilie, Lorbeerblatt
Zucker, Essig
Thymian zum Bestreuen

Zubereitung

1. Zwiebel schälen, fein schneiden und in Butter anschwitzen.
2. Fleisch und Schinken in fingerdicke Streifen schneiden, zugeben und alles gut durchrösten.
3. Mit Mehl stauben, weiterrösten und mit dem Bier aufgießen.
4. Salzen, pfeffern, Thymian, Petersilie und Lorbeerblatt zugeben. Das Fleisch zirka 1 Stunde zugedeckt weich dünsten. Dann mit Zucker und Essig abschmecken.
5. Mit gehacktem Thymian bestreuen und mit Bandnudeln servieren.

Tipp

Man kann das Bierfleisch sowohl mit dunklem als auch mit hellem Bier zubereiten. Das ist Geschmackssache: Mag man eher die leicht süße Note des dunklen Biers oder lieber die etwas herbere vom hellen?

Gesottene Fische aus der Traun

Die besten Zutaten gibt's an der Quelle: Zu Ehren von Petrus, dem Patron der Fischer, wurde am 29. Juni entlang der Traun in Oberösterreich der frische Fang gesotten – wie in diesem alten Rezept eines Traunfischers.

Ein Festmahl für Petrus

„Der Traunwald, das war unser Zauber- und Märchenwald", erinnert sich Verena Hillinger. Sie ist in Pfaffenberg im Hausruckviertel, nahe an der Traun, aufgewachsen. Als Kind verbrachte sie viel Zeit in den wunderbaren Auwäldern unterhalb des großen Traunfalls. Und als Erwachsene entdeckte sie dort unten am Fluss eine alte Tradition für sich: das Fliegenfischen.

An der Traun war auch Hans Gebetsroither daheim. Und der Fischereiaufseher erfand in den 1930er-Jahren einen Wurfstil, der international als „österreichischer Wurf" bekannt wurde. „Gebetsroither war eigentlich der Lagelträger berühmter Gäste, die zum Fischen kamen", erzählt Verena Hillinger seine Geschichte. Im *Lagel*, einer Art Holztrog, wurde die Angelausrüstung mitgeführt. Ein Stammgast war damals der Schweizer Hotelerbe Charles Ritz. Der gelernte Schuhmacher Hans Gebetsroither wurde am Wasser zu seinem Freund – und vom Lagelträger alsbald zum Lehrer der Fliegenfischer aus aller Welt.

Fertfischer & Steckwaida

Die Fischerei hat an der Traun seit Jahrhunderten Bedeutung. Im „Lambacher Urbar" des Stiftes Lambach gibt es darüber Aufzeichnungen aus dem Jahr 1463. Darin geht es sowohl um die „Fertfischer", die hauptberuflichen Petrijünger, wie auch die „Steckwaida", die ausschließlich im Nebenerwerb fischten.

Vor allem die Bestände an Äschen waren enorm. Sie gingen erst durch den übermäßigen Fang der als Delikatesse begehrten Sprenzlinge, wie die einsömmrige Äsche genannt wurde, im 16. Jahrhundert zurück.

Brot und Fisch wie in der Bibel

Die „gesottenen Fische" stammen aus einem alten oberösterreichischen Kochbuch, das Verena Hillinger entdeckt hat. Für das Gericht, zu dem vermerkt steht, dass es von einem Traunfischer stammt, werden verschiedene Fischarten zusammen im Sud gegart – je nachdem, was gerade ins Netz oder an die Angel gegangen ist. Zubereitet wurde es zu Ehren des heiligen Petrus, dessen Namenstag am 29. Juni gefeiert wird. Es ist ein geradezu verschwenderisches Fischrezept, das tatsächlich nur aus einer Gegend stammen kann, in der Fisch in Hülle und Fülle zur Verfügung steht. Und nichts soll vom fangfrischen Geschmack ablenken. Die geradezu biblisch einfache Beilage: Schwarzbrot.

Zutaten

1 Schuss Essig
200 g Wurzelwerk
½ Zwiebel
Salz, 8 Pfefferkörner
1 Lorbeerblatt
einige Zweige Petersilie
1 kg Süßwasserfische (z. B. Forellen, Saiblinge, Schleien oder Reinanken)
3 Zwiebeln
1 EL Schmalz
gemahlener Pfeffer
250 ml Sauerrahm
Lauchringe

Zubereitung

1. So viel Wasser, dass später die Fische damit bedeckt sind, mit Essig, blättrig geschnittenem Wurzelwerk, ½ Zwiebel, Salz, Pfefferkörnern, Lorbeerblatt und Petersilie aufkochen.
2. Die geschuppten und ausgenommenen Fische darin 20 bis 25 Minuten ziehen lassen, das Wasser soll dabei nicht mehr kochen.
3. Die fertig gegarten Fische herausheben, in eine Schüssel oder Auflaufform legen und warm stellen.
4. Die blättrig geschnittenen Zwiebeln im Schmalz glasig dünsten, mit etwas Fischsud aufgießen, salzen und pfeffern. Sauerrahm einrühren und alles einmal aufkochen lassen.
5. Sauce heiß über die Fische gießen, mit Lauch bestreuen und mit Schwarzbrot servieren.

Altwiener Paulanerwürstel

Ein Gericht aus dem Kloster, das die Wiener herzlich in ihren Speiseplan aufnahmen: würzige Würstel ohne Hülle mit einem Brät aus Fisch.

Fleisch nur im Hinterzimmer

Die Wiener haben's schon immer gewusst: Ohne Fisch ging's früher einmal gar nicht. Und diese Tradition hat sich durch die Religion bis heute erhalten.

Noch Mitte des 18. Jahrhunderts etwa durften Fleischspeisen an Fasttagen in Wirtshäusern nur an Offiziere, an „Unkatholische" oder Personen mit einer Dispens ausgegeben werden – und auch das nicht in der Gaststube, sondern tunlichst in einem anderen Raum, wo's nicht so öffentlich zuging. Draußen im Saal gab es die kreativen Küchenideen, bei denen Fisch eine große Rolle spielte. Die Paulanerwürstel sind dafür ein besonders gutes Beispiel.

Fischteiche vor den Toren Wiens

Das Originalrezept für die Würste aus Fischbrät stammt aus der Stiftsküche des Wiener Paulanerklosters, das um 1630 im heutigen vierten Wiener Gemeindebezirk errichtet wurde. Heute ist davon nur mehr die barocke Kirche erhalten.

Damals lag das Gebiet vor den Toren der Stadt, und da die Ordensbrüder sehr strenge Ernährungsregeln zu befolgen hatten, legten sie vorsorglich große Fischteiche an. Die Karpfen daraus wurden hauptsächlich selbst verspeist, andere Fische verarbeitet und auf den Wiener Märkten verkauft. Besonderen Anklang fanden dort die Paulanerwürstel aus Zander- oder Hechtfilet – fastentauglich ohne die sonst üblichen Häute aus Schaf- oder Schweinsdarm hergestellt.

Dank sei dem ersten Fernsehkoch

Der Paulanerorden wurde 1796 aufgehoben, doch die bei den Wienern beliebten Würstel blieben. Sie finden sich auch noch in Kochbüchern des 19. Jahrhunderts. Eine Neuauflage des Rezepts in den 1930er-Jahren geht auf den später legendären ersten Fernsehkoch Franz Ruhm zurück. Er hatte das Rezept in einem seiner Kochhefte veröffentlicht.

Franz Ruhm erlernte eigentlich den Beruf eines Zuckerbäckers und übernahm im Jahr 1927 die Redaktion der monatlich erscheinenden Zeitschrift *Gastronom* des Verbands der Köche Österreichs. Später war er Kochlehrer, startete 1956 die *Fernsehküche* des ORF und gab beim Bayerischen Rundfunk Kochtipps in der Sendung *Der Fernsehkoch*.

Zutaten

600 g ausgelöstes Hecht- oder Zanderfleisch
3 in Milch eingeweichte Semmeln
1 kleine Zwiebel, 80 g Butter
Salz, weißer Pfeffer, Muskatnuss
Majoran, 2 Eier, evtl. Semmelbrösel
Mehl fürs Küchenbrett

FÜR DIE PANIER
1 mit etwas Öl und Wasser verschlagenes Ei, Semmelbrösel, Butterschmalz zum Herausbacken

Zubereitung

1. Das Fischfleisch ohne Haut und Gräten mit den eingeweichten und gut ausgedrückten Semmeln fein faschieren.
2. Zwiebel schälen und klein schneiden, in Butter blassgelb anschwitzen, abkühlen lassen.
3. Zwiebel in einer Schüssel mit Salz, Pfeffer, geriebener Muskatnuss, zerriebenem Majoran und dem Fischfleisch vermischen. Die Masse mit 2 Eiern zu einer Farce abarbeiten, eventuell mit Bröseln festigen. Zu daumendicken Schlangen drehen und auf ein bemehltes Brett legen.
4. Von den Schlangen etwa halbfingerlange Stücke abschneiden. Die Fischwürstchen durch das verschlagene Ei ziehen, locker in Semmelbrösel hüllen und in einer Pfanne mit ausreichend heißem Butterschmalz ungefähr 10–12 Minuten goldbraun herausbacken.
5. Heiß zu Tisch bringen und mit Erdäpfel- oder Erdäpfel-Vogerl-Salat servieren.

Wiener Grenadiermarsch

Er ist ein Paradeexemplar der Wiener Restlküche, und er hat militärische Verwandtschaft in Ungarn.

Mit Respekt gekocht

Fein angeröstete Zwiebeln, Fleckerln, Erdäpfel und zum Drüberstreuen noch ein wenig Geselchtes: Der Grenadiermarsch ist ein Essen aus der Kategorie nahrhaft und sparsam. „Heute macht das ja kaum mehr jemand", erzählt Silvia Schuster aus Wien, die das Gericht aus ihrer Kindheit kennt. „Aber bei uns daheim gab's sicher einmal pro Woche ein klassisches Restlessen. Weggeworfen wurde bei meiner Mutter nichts, und schon gar keine Lebensmittel." Neben dem Grenadiermarsch kamen auch Bröselhörnchen auf den Tisch sowie „Einbrennte Hund" aus übrig gebliebenen Erdäpfeln. Dazu servierte man grünen Salat, und fertig war das Familienmittagessen.

Vielfalt in der Pfanne

Das Allerwichtigste beim Grenadiermarsch: Schön knusprig angebraten muss alles sein. Die Zutaten können wie bei vielen Klassikern der Alltagskost großzügig variieren. In die Pfanne kam einst, was man daheim vorrätig hatte oder übrig geblieben war. So finden sich in den Kochbüchern Rezepte mit Fleisch (etwa Bratenreste) oder auch vegetarische. Es gab den Marsch mit Würsteln, die wahlweise gebraten und extra dazu gereicht oder klein geschnitten druntergemischt wurden. Das Gericht wurde auch mit Grammeln zubereitet, und die Reste von Semmelknödeln, Erdäpfeln, Fleckerln etc. wurden sowieso verwertet. Dazu gab es eine Vielfalt an Salaten mit Rahmgurken oder Paradeisern und auch einmal ein Spiegelei bzw. gebratene Speckstreifen.

Paprika für die Soldaten

Auch beim Namen herrscht Vielfalt: So ist der klassisch Wiener „Marsch" in anderen Regionen unter „Masch" bekannt. Ableiten dürfte sich beides von „vermischen". In Ungarn heißt das Gericht *Gránátos kocka,* was so viel bedeutet wie „Grenadierwürferl". Und da muss dann noch Paprikapulver mit hinein.

Entstanden ist das Gericht vermutlich in der Soldatenküche. Je nach Versorgungslage war Fleisch oder Wurst dort Mangelware, und so wurde es meist vegetarisch zubereitet. Ausnahmen gab es wie immer für die Elite: Die Spezialeinheit der Infanterie des 17. und 18. Jahrhunderts, die Grenadiere oder *Granatiere,* wie sie ursprünglich aufgrund ihrer Bewaffnung hießen, durften sich über fleischliche Draufgaben freuen.

Zutaten

400 g Erdäpfel
200 g Fleckerln oder Spiralen
2 EL Schmalz oder Öl
80 g Frühstücksspeck
100 g Geselchtes (oder Bratenreste bzw. Extrawurst)
1 fein gehackte Zwiebel
Salz, Pfeffer, 1 TL Majoran
eventuell etwas Paprikapulver
1 EL fein gehackte Petersilie

Zubereitung

1. Erdäpfel kochen, schälen und in messerrückendicke Scheiben schneiden.
2. Fleckerln oder Spiralen bissfest kochen und abschrecken.
3. In einer Pfanne das Schmalz zerlassen, blättrig geschnittenen Speck und Geselchtes oder die Bratenreste darin anrösten, danach die fein gehackte Zwiebel zugeben und goldgelb rösten.
4. Die Erdäpfelscheiben zugeben und beidseitig goldbraun rösten. Zuletzt die Teigwaren unterheben und alles mit Salz, Pfeffer, Majoran und eventuell etwas Paprikapulver abschmecken. Mit Petersilie bestreut servieren.

Altwiener Bruckfleisch

Die Wiener schätzen ihr gesottenes und gedünstetes Rindfleisch seit Jahrhunderten. Eine heute nur mehr selten kredenzte Spezialität ist das Bruckfleisch.

Fünf Viertel für die Wiener

Die Liebesbeziehung zwischen der Wiener Küche und dem Rind ist eine lange und intensive. Kaiserinnen und Erzherzoge spielen in dieser Liaison genauso eine Rolle wie die großen Literaten der Stadt, die besten Lokale oder die schönsten Anekdoten.

Bereits seit dem 17. Jahrhundert nehmen Rind- und Kalbfleisch einen großen Stellenwert ein. Und nirgendwo sonst wird das edle Tier in mehr kulinarisch verwertbare Stücke geteilt. Eine Besonderheit ist die bei der Wiener Schlachtung üblich gewesene Zerlegung in „fünf Viertel" – zwei vordere, zwei hintere und die Brust extra.

Bis zum letzten „Liachtl"

Ihre Hochblüte erreichte die Wiener Rindfleischküche im 19. Jahrhundert. In den Haushalten der Stadt wurde mangels Kühlmöglichkeit täglich frisch gekocht. Und abgesehen von den Fasttagen gab es, wenn das Geld dafür da war, ohne Ausnahme jeden Tag Rindfleisch.

Bruckfleisch, so steht es in alten Büchern zu lesen, sollte nur zubereiten, wer in der Nähe des Schlachthofs wohnt. Denn ganz streng genommen sollten die Teile noch lebenswarm verarbeitet werden. Dazu gehören Innereien wie Leber, Milz, Bries und Herz, das Stichfleisch vom Hals, das Kronfleisch (Zwerchfell) von der Brust und auch die Liachtln (Schlagader und Herzkranzgefäße).

Gabelfrühstück für Männer

Der Name des Gerichts leitet sich von der „Schlachtbruck'n" ab. Geschlagen oder geschlachtet wurde vor allem in der Stadt immer in unmittelbarer Nähe von fließendem Wasser, um die Reste gut entsorgen zu können. Bruckfleisch war auch ein klassisches „Gabelfrühstück", ebenfalls eine Wiener Besonderheit, die sich im beginnenden 19. Jahrhundert großer Beliebtheit erfreute. Diese späte Vormittagsjause konnte sich bis Mittag hinziehen, bestand aus deftigen kalten und warmen Speisen – und war eine ausgesprochene Männerangelegenheit. „Es sind eigentliche Gastereyen der Junggesellen. Man erschient en negligee (Anm.: in nicht höfischer, nicht formeller Kleidung) ... bringt eine Portion Witz und gute Laune mit ... das schöne Geschlecht wird hierzu selten geladen", heißt es dazu etwa bei F. G. Zenker, einem hochangesehenen Koch jener Zeit.

Zutaten

1,2 kg Bruckfleisch vom Rind (beim Fleischhauer vorbestellen), 4 EL Schweineschmalz, 2 Zwiebeln, 3 Knoblauchzehen, 2 Karotten, Grünzeug (Petersilwurzel, Sellerie), 1 Pr. Zucker, 1 TL Majoran, 1 TL Thymian, 1 Lorbeerblatt, 7 Pfefferkörner, 200 ml Rotwein, 400 ml Rindsuppe, 2 EL Mehl, etwas Essig und Rotwein (oder Rinderblut), Salz, gehacktes Liebstöckel

Zubereitung

1. Bruckfleisch in mundgerechte Stücke schneiden, Bries, Milz und Leber beiseitestellen. Gemüse putzen und fein hacken oder raspeln.
2. Gemüse in heißem Fett anbraten und durchrösten. Dann Stichfleisch, Kronfleisch, Herz und Liachtln zugeben und anbraten. Mit Thymian, Majoran und zerbröseltem Lorbeerblatt würzen.
3. Zucker, Rotwein und Suppe einmischen. Etwa 60 Minuten köcheln lassen. Dann Leber, Bries und Milz zugeben, weitere 40 Minuten sanft köcheln lassen (bei Bedarf etwas Flüssigkeit nachgießen).
4. Topf vom Herd ziehen. Mehl mit wenig Rotwein (oder Blut) und Essig abrühren, in die Suppe gießen und mit einem Schneebesen vorsichtig unterrühren.
5. Einmal aufwallen lassen, dann 7 Minuten bei ganz kleiner Hitze ziehen lassen. Anrichten und mit Liebstöckel bestreuen. Als Beilage passen Semmelknödel.

Das Geheimnis von Steyrling

Ein herzhaftes Gericht zweier Traunviertler Schulköchinnen ist manchen ihrer ehemaligen Schützlinge bis heute in bester Erinnerung.

Spenden für das Schulessen

Sie betreuten Generationen von Schulkindern, und manche von ihnen erinnern sich immer noch. „Es gibt einige Leute, die meine Mutter auf ihre wunderbare Küche und besonders auf ein Gericht, das Geheimnis, ansprechen", erzählt Tochter Eva Zenjari. Sie stammt aus dem oberösterreichischen Steyrling, wo sowohl ihre Mutter Berta Pichler als auch bereits Großmutter Margareta von den 1950er-Jahren an für das leibliche Wohl zahlreicher Pflichtschulkinder verantwortlich gewesen waren.

Seit 1919 gab es im Ort täglich ein Mittagessen für alle Schulkinder, großteils finanziert aus Lebensmittelspenden und öffentlichen Geldern. „Diese Ausspeisung hat nach dem Ersten Weltkrieg begonnen, als die finanzielle Situation vieler Menschen sehr schwer war."

Köchin und guter Geist

Die Arbeit der Schulköchin oder Schuldienerin, wie es genau hieß, war alles andere als leicht. In der kalten Jahreszeit wurde bereits um halb 6 Uhr früh der große Ofen im Keller eingeheizt. Pünktlich zu Mittag musste das Essen fertig sein. Und danach wartete noch der Abwasch.

Sämtliche Teige oder Knödel – wie der Erdäpfelteig für das Geheimnis – waren hausgemacht, und eine Zeitlang, so erinnert sich Eva Zenjari, „hat meine Mutter sogar den Topfen selbst hergestellt". Fast 30 Jahre war sie als „guter Geist" nicht nur für den Speiseplan der Kinder zuständig, sondern kümmerte sich auch um andere Sorgen und Nöte ihrer Schützlinge.

Alle liebten Bertas Knödel

Das Schulhaus war jeden Tag ab 10 Uhr vom Geruch frisch gekochten Essens erfüllt. Und stand das Geheimnis – eine Art Erdäpfelknödel mit Wurstfülle und dazu Sauerkraut – auf dem Speiseplan, schlugen die Herzen der Kinder besonders hoch. „Das haben alle geliebt."

In Steyrling saßen bis zu 120 Kinder beim Mittagessen. Verkocht wurde, was Region und Jahreszeit hergaben, Lebensmittelspenden gab es von den Jägern, von örtlichen Bauern und Molkereien. Die Ortschronik von Steyrling weiß darüber jedes Detail: „Im Jahr 1955/56 wurden insgesamt 17.500 Portionen verabreicht, im Schuljahr 1961/62 waren es 8.080 Portionen, und dafür wurden 2.067 Kilo Lebensmittel und 900 Liter Milch gespendet."

Zutaten

1 kg mehlige Erdäpfel
Salz
5 EL Mehl
500 g Braunschweiger (Dürre)
1 TL Majoran
2 EL fein gehackte Petersilie
Butterschmalz

ALS BEILAGE
mild gewürztes Sauerkraut
oder Blattsalat

Zubereitung

1. Die Erdäpfel kochen, schälen und auskühlen lassen. Das kann man auch schon am Vortag machen.
2. Durch eine Erdäpfelpresse drücken, mit etwas Salz und dem Mehl vermischen und zu einem kompakten Teig verkneten.
3. Die Braunschweiger schälen, klein schneiden und durch den Fleischwolf drehen. Die Masse mit Majoran und Petersilie vermischen.
4. Nun vom Erdäpfelteig kleine Portionen abnehmen, in der Hand flach drücken und mit einem kleinen Knödel aus Braunschweigerwurst füllen. Den Teig rundherum schließen und flach zu einem Taler drücken. In heißem Butterschmalz von beiden Seiten goldgelb ausbacken.
5. Mit Sauerkraut oder Salat servieren.

Almtaler Horuck-Bratl

Schlachttag auf dem Bauernhof war früher nur einmal im Jahr. Im oberösterreichischen Almtal wurde dann ein besonderes Bratl zubereitet: vom „Horuck", dem Hochrücken des Schweins.

Schlachttag war Feiertag

„Damals hatten die Tiere auf einem Hof halt noch Zeit", erinnert sich Karl Schardax aus Nußbach im oberösterreichischen Kremstal. Schweine konnten in Ruhe wachsen, und wenn sie schließlich schlachtreif waren, durfte auch die Prozedur dauern. Zwei Tage brauchte es von den ersten Vorbereitungen bis zur Verwertung der letzten Reste.

Geschlagen wurde nur einmal im Jahr. Und zwar wenn es so kalt war, dass das Fleisch nicht verderben konnte. Das Holzgestell zum Aufhängen des Tieres wurde im Stadl oder im Keller hergerichtet. Familienmitglieder und Nachbarn kamen zusammen, um zu helfen. Der Schlachttag selbst war geradezu ein Feiertag: Es gab reichlich Fleisch; Speck wurde eingesurt und Schmalz ausgelassen; Würste wurden gefüllt, ebenso der traditionelle Schwartelmagen – die Sulz, dem der ausgewaschene Magen als Hülle diente.

Das doppelte Bratl

„Diese Schweine hatten damals locker 200 Kilo", erzählt Karl Schardax, der das Horuck-Bratl seit seiner Kindheit kennt. Aufgewachsen ist der Fleischhauer auf einem Bauernhof in Scharnstein. Heute widmet er sich auch der Wiederbelebung fast vergessener Traditionen. „Im oberösterreichischen Salzkammergut war es üblich, das Schwein nicht in zwei Hälften zu zerteilen, sondern vom ganzen Rücken nur links und rechts die Rippen wegzusägen." Was übrig blieb, war das doppelte Karree, auch Hochrücken genannt. „Horuck" eben, wie er im Dialekt hieß.

Zehn Stunden im Holzofen

Haltbarkeitsmethoden für Frischfleisch gab es keine, also wanderte der imposante Rücken gleich einmal in die Küche. Entsprechend groß musste die Rein dabei schon sein, dann so ein Stück samt den Knochen brachte bisweilen 20 Kilo oder mehr auf die Waage. Vor dem Braten wurde die Schwarte sorgfältig geschröpft, dann kräftig mit Kümmel, Salz und Knoblauch gewürzt.

Im Ofen loderte schon das Holzfeuer, und der mächtige Braten hatte jede Menge Zeit, vor sich hin zu brutzeln. Karl Schardax: „Bis er schön knusprig und gar war, konnte das schon zehn Stunden dauern." Dazu gab's Knödel und Kraut oder Rote-Rüben-Salat. Was vom Bratl übrig blieb, wurde zu „Vergossenem" verarbeitet: Dafür übergoss man die ausgelösten Bratenreste mit dem Fett vom Schwein. So blieb der „Horuck" noch lange haltbar.

Zutaten für 6–8 Personen

1 doppeltes Schweinskarree von ca. 4 kg mit Rückgrat und Schwarte
1 EL Salz, 5 EL Kümmel
8 gepresste Knoblauchzehen
125 ml Sonnenblumenöl
2 halbierte Knollen Knoblauch
500 ml Wasser
250 ml Bier
2 Lorbeerblätter

Zubereitung

1. Backrohr auf 210 °C Umluft vorheizen. Den Braten mit Salz, Kümmel, Knoblauch und Öl einreiben und mit der Schwarte nach unten in eine große Rein legen.
2. Knoblauchknollen und Lorbeerblätter dazugeben, mit Wasser angießen und 30 Minuten im Ofen braten. Dann den Braten umdrehen und die Schwarte mit einem sehr scharfen Messer im Abstand von 2 cm einschneiden.
3. Bier angießen, Temperatur auf 150 °C senken und 2 Stunden braten, dabei öfter übergießen. Zum Schluss die Temperatur auf 220 °C erhöhen und den Braten ca. 10 Minuten knusprig werden lassen.
4. Dazu passen Semmelknödel und Stöckelkraut oder Rote-Rüben-Salat.

Pinzgauer Bettlmandlgulasch

Guat und gnuag – das ist die best' Bauernkost, sagt der Volksmund. Eine Salzburger Suppe aus Erdäpfeln, mit Wurst und einem guten Schöpfer Rahm erfüllt diese Vorgaben perfekt.

Ein großer Topf, ein Schöpfer Rahm

Deftige Suppen und Eintöpfe waren immer ein wichtiger Teil der Alltagsküche. Vor allem wenn es galt, viele Leute satt zu bekommen. 281 Fleisch- und 107 Fastensuppen listet beispielsweise das historische „Neue Saltzburgische Kochbuch" von 1718 auf – mit einem ganzen Kapitel, das sich unter dem Titel „Gemeine Suppen" bodenständigen Gerichten widmet. Die Basis bildeten Erdäpfel oder Mehl, dazu kamen Kräuter wie Thymian oder Majoran, Gewürze, G'selchtes oder Wurst. Zubereitet wurde so ein gschmackiges Gericht in einem großen Topf – wie auch das Pinzgauer Bettlmandlgulasch, das mit einem Schöpfer Rahm verfeinert wurde.

Erdäpfel waren immer da

„Es ist ein Arme-Leute-Essen gewesen", erzählt Marianne Steger aus Uttendorf bei Zell am See, „daher kommt wohl der Name. Eigentlich ist's ja ein schlichtes Erdäpfelgulasch, das erst im Lauf der Zeit, als der Wohlstand kam, mit Wurst und Rahm zubereitet wurde." Sie selbst kennt das Gulasch seit ihrer Kindheit. „Das hat's auf jedem Hof gegeben." Die wichtigste Zutat dafür war das ganze Jahr vorhanden: Die Erdäpfel kamen aus dem Küchengarten und wurden im Keller gelagert. „Es ist ein Gericht, das auch in großen Mengen schnell gekocht ist." Und das war bei der vielen Arbeit auf dem Hof immer ein wichtiges Argument für die Bäuerin.

Ein göttliches Bettlmandl

Den Sommer über wurde das Bettlmandlgulasch manchmal auch auf der Alm zubereitet, dazu gab es frische Milch. Marianne Steger: „Wenn wir im Sommer auf unserer Alm im Krimmler Achental sind, wird es bei uns auch gern gegessen."

Bettler und Almen hängen im Pinzgau der Sage nach durchaus zusammen: Der Herrgott persönlich kam demnach einst in der Gestalt eines Bettlers zu den Sennerinnen und Sennern vom Hochkönig. Und er bestrafte sie bitter, weil sie selbst in Saus und Braus lebten, den Weg mit Käse pflasterten und in Milch badeten, den armen Bettler jedoch ohne Mitleid davonjagten. Die saftige Alm verschwand daraufhin zur Strafe unter einer eisigen Schneedecke. Sie heißt heute „Übergossene Alm". Und wer weiß, wie die Geschichte ausgegangen wäre, hätten sie dem armen Mann doch nur ein Bettlmandlgulasch serviert.

Zutaten

800 g Erdäpfel
1 große Zwiebel
Butter oder Öl zum Anbraten
2 TL Paprikapulver
1 Schuss Essig
2 EL Mehl
1 Schöpfer Almrahm (ca. 125 ml)
½ Braunschweiger oder
1 Paar Debreziner
Salz

Zubereitung

1. Erdäpfel schälen und in Würfel schneiden. Zwiebel schälen, klein schneiden und in etwas Butter oder Öl glasig anschwitzen. Mit Paprikapulver stauben und einmal durchrühren.
2. Erdäpfel dazugeben und alles mit Essig ablöschen. Mit 1½ l Wasser aufgießen und kochen, bis die Erdäpfel weich sind.
3. Mehl mit etwas Wasser verrühren und gut in die Suppe einrühren. Noch einmal aufkochen lassen. Dann vom Herd nehmen, und wenn sie etwas ausgekühlt ist, den Rahm einrühren. Die Suppe darf dabei nicht mehr zu heiß sein, sonst gerinnt der Rahm.
4. Zuletzt die blättrig geschnittene Wurst in die Suppe geben, abschmecken und mit Bauernbrot servieren. Nach Geschmack mit einem Löffel Rahm garnieren.

Lavanttaler Rehleber

War der Schütze erfolgreich, gab's abends auf der Jagdhütte das Kleine Jägerrecht: die Leber des erlegten Tieres mit viel Zwiebel und Essig.

Mit dem Vater zum Maxlhoisl

Am Freitag nach der Arbeit war es immer so weit. Alfred Schriebl, Sägewerksleiter und Jagdaufseher aus Twimberg, einem Ortsteil von Bad St. Leonhard im Kärntner Lavanttal, packte seine Sachen und machte sich auf zum Maxlhoisl.

„Das war die Jagdhütte oberhalb von Preitenegg. Dort hat der Vater fast jedes Wochenende verbracht", erinnert sich sein Sohn Hubert Schriebl heute. „Ich hab's als Bub geliebt, wenn ich ihn begleiten durfte. Im Winter haben wir das Wild mit Heu gefüttert, im Frühjahr den Auerhähnen bei der Balz zugehört, und im Herbst hat er mich zum Hegeabschuss mitgenommen."

Kleines und Großes Jägerrecht

Verpflegung hatten Vater und Sohn natürlich dabei, wenn's auf die Jagd ging – meist ein Stück Speck und Brot. Besonders war das Essen immer dann, wenn der Vater ein Reh erlegt hatte.

Nach dem sogenannten Kleinen Jägerrecht steht dem Schützen das „Geräusch" des Tieres zu: Zunge, Herz, Leber, Lunge, Milz und Nieren. „Es gibt auch ein Großes Jägerrecht, das wird allerdings kaum mehr gepflogen", erklärt Hubert Schriebl, mittlerweile selbst passionierter Jäger. „Da bekommt der Schütze auch das Stück vom Kopf des Tieres bis zur dritten Feder, wie die Rippen genannt werden."

Bis zum letzten Bissen

Stand Rehleber auf dem Speiseplan, wurde der große Ofen in der Hütte eingeheizt und die gusseiserne Pfanne vom Wandhaken genommen. Dann wurde aufgekocht. Die Leber musste möglichst dünn aufgeschnitten und mit jeder Menge Zwiebeln und Butter angebraten werden. Ganz wichtig dabei, „damit's nicht hart wird": Erst ganz zuletzt, wenn die Pfanne schon dampfend auf dem Tisch stand, wurde das Gericht gesalzen und gepfeffert.

„Liebe auf den ersten Blick war es bei mir keine, mein Vater hat immer erzählt, dass ich das erste Mal, während er die Rehleber gebraten hat, ziemlich die Nase gerümpft hab. Aber dann hab ich's bis zum letzten Bissen verputzt und sogar mit dem Brot die Sauce aus der Pfanne getunkt."

Zutaten

1 frische Rehleber (ca. 500 g)
2 EL Butter
300 g fein gehackte Zwiebeln (jedenfalls zwei Drittel der Lebermenge)
2–3 EL Mehl
1½ EL getrockneter Majoran
1 Schuss milder Apfelessig
Salz, Pfeffer

Zubereitung

1. Die Leber gut wässern, die Haut abziehen und die Leber in feine Streifen schneiden.
2. Butter in einer Pfanne mit schwerem Boden zerlassen, die Zwiebeln darin anschwitzen. Rehleber zugeben, mit etwas Mehl stauben und kurz durchrösten.
3. Majoran zugeben, durchrühren und mit einem Schuss Essig ablöschen. Ein paar Minuten köcheln lassen, bis die Leber weich ist.
4. Erst kurz vor dem Servieren salzen und pfeffern.

Tipp

Auf der Jagdhütte wird die Rehleber traditionell mit Schwarzbrot gegessen, aber auch Salz- oder Rösterdäpfel schmecken gut dazu.

Strudel & Nudel, Krapfen & Knödel

Gefüllt, gerollt, gebacken, gekocht, deftig oder süß – ein Universum voll kulinarischer Kreativität

Oberpfälzer Knedl

Richard Luber aus Kallmünz an der Naab sagt: „Die Knedl aus Semmeln und Kartoffeln sind Teil unserer Lebenseinstellung." Leider sind sie „vom Aussterben bedroht". Wir stellen sie gern unter Artenschutz.

Wie viele hast du zwungen?

Sie schmecken nach Heimat, nach Kindheit, die Reiberknödel, wie sie überregional genannt werden. Richard Luber aus Kallmünz, einem wildromantischen Marktflecken im Landkreis Regensburg: „Wir sind alle mit den Knedln aufgewachsen. Es war unsere erste feste Nahrung. Wenn wir größer wurden, gab's Soß dazu, und wenn wir noch größer wurden, gab's Braten." In der Schule war derjenige ein Held, der zu Hause am meisten verdrückte. Die Standardfrage am Schulhof war: „Wie viele hast denn du zwungen?"

Richard Luber denkt gern an die wohlige Atmosphäre, wenn seine Großmutter für die ganze Familie Knedl „gedraht" hat. Es muss wirklich großen Eindruck gemacht haben, jedenfalls wollte er fortan auch beruflich in der Küche stehen.

Wie der Besen überlebte

Die Prüfung zum Koch war in Niederbayern. Er machte seine geliebten Knedl und selbstverständlich nach Omis Art. „Der Prüfer hat kritisch rübergeschaut und gesagt: Wenn das ein Knödel wird, fress ich einen Besen samt Putzfrau." Das Ende war so: Luber bestand die Prüfung, er erntete Lob für seine Knedl, Putzfrau und Besen blieben trotzdem unversehrt.

Im Gegensatz zu seinen Verwandten in anderen Teilen Bayerns ist der Oberpfälzer Knedl über die Landesgrenzen hinaus nicht wirklich populär geworden. Er ist sogar „vom Aussterben bedroht". Richard Luber: „Er ist sehr aufwendig, und die Mischung aus Erdäpfeln und Semmeln ist ungewöhnlich." Er erklärt sich das so: „Sicher liegt das daran, dass unsere Region immer ärmer war. Mit den trockenen Semmeln wurden einfach die Reste verwertet."

Quarta, Linda, bitte zu Tisch!

Übrigens: Es ist ganz einfach, wie die geliebten Knedl garantiert nichts – wir wiederholen –, nichts werden. „Man nehme irgendwelche Semmeln, irgendwelche Erdäpfel oder irgendeinen dahergelaufenen Fertigknödelteig." Schon ist es vorbei mit dem schönen Essen, und man versucht es vielleicht nie wieder. Aus diesem Grund rät Richard Luber: „Bitte, es müssen richtige Semmeln sein, keine vorgeschnittenen aus dem Supermarkt. Und es müssen mehlige Erdäpfel sein, wie die Quarta, wie die Linda."

Zutaten für ca. 8 Knödel

1 kg mehlige rohe Erdäpfel
300 g mehlige gekochte Erdäpfel, einen Tag alt
200 g geschnittene trockene Semmeln
¼ l heiße Milch
etwas Knödelhilfe
etwas Salz

Zubereitung

1. Rohe Erdäpfel fein reiben. Eventuell eine Prise Knödelhilfe zugeben.
2. Die Masse, den „Reiber", in ein Küchentuch geben, das Wasser durch das Tuch in einen Topf drücken, Masse ruhen lassen.
3. Gekochte Erdäpfel pressen. Semmeln mit heißer Milch zu einem Brei brühen. Alles vermengen, salzen.
4. Nach ½ Stunde wird sich im Erdäpfelwasser die Stärke abgesetzt haben. Das Wasser abgießen, die Stärke zur Erdäpfel-Semmel-Milch-Masse geben. Durchkneten, bis ein Teig entsteht, aus dem sich gerade noch ein Knödel „drahn" (drehen, formen) lässt.
5. Wichtig: Die Konsistenz soll genau zwischen rohen und gekochten Erdäpfeln liegen. Knödel einzeln in kochendes Wasser geben, 20 Minuten ziehen lassen. Klassisch isst man zu den „Knedln" oder „Spouatzen", wie die Nordoberpfälzer sagen, Schweinsbraten mit Salat oder Sauerkraut. Übrigens: Im Wasser simmernd, bleiben die Knödel ca. 1 Stunde frisch.

Traisentaler Holzknechtraunken

Für die Kraftnahrung der Waldarbeiter im Ötschergebiet brauchte man nur Mehl, Wasser, Salz, Schmalz und Most – und ein bisschen Geschick beim Ausbacken.

Karges Leben in der Lohhütte

„Fragt ihr den Holzknecht am Schlage, was er sich zum Frühstück bereite, so antwortet er: ‚Nocken.' Und was zum Mittagmahl? So ist abermals die Antwort: ‚Nocken. Das ist besser als Fleisch und gibt mehr Kraft.'" So schreibt der österreichische Geograf Moritz Alois Becker anno 1860 in seinen Aufzeichnungen über die Holzarbeit im südlichen Niederösterreich. Rund um Traisen, Erlauf oder Ybbs lebten und arbeiteten im 17. Jahrhundert zahlreiche Holzknechte mit ihren Familien. War der Schlag – der Ort, an dem die schwere und gefährliche Arbeit verrichtet wurde – weit entfernt, bauten die Holzknechte einfache *Lohhütten* aus Rinde, um dort zu essen und zu schlafen.

Auf der Kandlhofalm

„Bei uns in der Gegend hat's bis vor ein paar Jahren Hüttenwirte gegeben, die haben noch gewusst, wie man die Holzknechtnocken oder -raunken, wie man auch sagt, richtig zubereitet", erzählt Peter „Beda" Gravogl aus Traisen. 27 Jahre war er Wirt der Naturfreunde-Unterkunft Traisnerhütte auf der Hinteralm bei Lilienfeld. „Die Rosi und der Rudi von der Kandlhofalm", weiß er etwa, „die haben's perfekt können."

Zur Zubereitung braucht's eigentlich nicht viel: nur Mehl und Salz, Wasser und Schmalz – und zum Drüberstreuen noch einen guten Schuss Wein, Most oder gezuckerte Milch. Aber wie's genau geht, das will gelernt sein.

Schön aufgehen müssen sie

Die Herausforderung liegt im Herausbacken des Teiges in einer gusseisernen Pfanne. Das Original erwirbt dabei durch die Zubereitung am offenen Feuer auch einen leichten Rauchgeruch.

Der Teig muss geschlagen werden, bis er „blaselt". Dann wird er entweder mit einem Löffel eigroß ausgestochen und herausgebacken oder schneckenförmig in die Pfanne mit dem heißem Schmalz eingegossen. Fertig sind die Raunken, wenn sie ein schwarzes Randerl haben und ein wenig aufgegangen sind. Dadurch bekommen sie an der Unterseite eine Einbuchtung, das sogenannte „Goldhahnerl".

Übrigens: Wenn einem jungen Holzknecht die Raunken sitzenblieben, gab es dafür auch einen Namen: „Zellerroanbettler" nach der Passhöhe Zellerrain zwischen Lunz und Mariazell.

Zutaten

400 g Mehl
250–300 ml Wasser
Salz
Schmalz zum Herausbacken
200 ml Most, Wein oder gezuckerte Milch

Zubereitung

1. Mehl, Wasser und Salz zu einem Nockerlteig vermischen und gut abschlagen.
2. In einer gusseisernen Pfanne so viel Schmalz zergehen lassen, dass es etwa 3 mm hoch steht. Wenn es heiß ist, mit einem Esslöffel eigroße Nocken aus dem Teig stechen und ins Fett legen. Richtige Raunken müssen im Schmalz etwas aufgehen, sind an der Oberseite trocken und haben unten eine helle Einbuchtung, das „Goldhahnerl".
3. Wenn sie ein schwarzes Randerl zeigen, in der Pfanne mit heißem Most oder Wein ablöschen und gleich verzehren. Ohne Alkohol geht's auch: mit gezuckerter Milch.

Ruhpoldinger Butternudeln

Es gibt sie nur im südlichen Chiemgau, und selbst bei den Einheimischen kennen nur noch wenige das Rezept. Dabei hat die deftige Speise schon früher die stärksten Männer satt gemacht.

Mahlzeit der Holzknechte

Butternudeln und Kraut, das klingt erst mal ein bisserl ungewohnt. „Schmeckt aber", sagt Claus Pichler, und der muss es wissen. Weil er nicht nur der Ruhpoldinger Bürgermeister ist, sondern auch der Sohn eines Holzknechts. Was die Ruhpoldinger Holzknechte damit zu tun haben? Ganz einfach: Sie mochten die nahrhafte Mahlzeit besonders gern, konnten sie sich doch am Wochenende richtig satt essen, bevor sie wieder zur harten Arbeit für eine karge Woche in die Berge mussten. Ruhpoldinger Butternudeln sind eine Spezialität im südlichen Chiemgau, die es so nur noch in Inzell, Bergen und Reit im Winkl gibt.

Mal Kraut, mal Kompott

Freilich musste man kein Holzknecht sein, damit einem die Nudeln schmeckten, traditionell Samstagmittag mit heißem Sauerkraut oder am Sonntag kalt zum Kaffee. „Erlaubt ist auch noch mit Zwetschgenkompott", meint Claus Pichler, „aber mit Kraut sind sie halt einfach am besten." Sein Wissen um die Butternudeln stammt noch von der Oma. Sie war Spezialistin im Ausbacken.

Wie aber so eine Butternudel richtig gemacht wird, das wussten schon in Claus Pichlers Kindheit nicht mehr viele Frauen, außerdem war das Backen den meisten zu aufwendig. Voraussetzung war natürlich, dass man selbst genug Butter hatte oder sie sich besorgen konnte. Und weil damals auch nichts wegkam und man stolz war, mit wenigen Zutaten ein Essen auf den Tisch zu bringen, verwendete man die Reste selbstverständlich weiter. Mit dem übrig gebliebenen Schmalz wurde angebraten. Oder man ließ es erkalten und nahm es als Brotaufstrich her.

Schmalz fürs Muas

Die Holzknechte nahmen die Schmalzreste am Montag mit in die Berge. Abends, wenn sie dann vor ihren selbst gebauten Rindenhütten saßen, bereiteten sie damit über offenem Feuer in einer tiefen Pfanne ihr *Ruhpoldinger Holzknecht-Muas,* einen einfachen Schmarren, zu. Es war sehr arm an Zutaten. War keine Sennerin in der Nähe, gab es nicht einmal Eier und Milch für den Teig. Da mussten Mehl, Wasser und das Schmalz reichen. Hatten die Holzknechte aber ein paar *Easchbian*, Walderdbeeren, gefunden, dann gab es einige der süßen Früchte dazu. „Des Muas hat mei Vater g'macht, auch als er schon lang kein Holzknecht mehr war", sagt Claus Pichler. „Des konnt er sogar noch besser als die Mutter."

Zutaten

600 g Mehl
½ Würfel frische Hefe
350 ml Milch
4 TL Zucker
1 gehäufter TL Salz
2 Eier
1 kg Butter
1 Tasse Wasser
700 g gekochtes Sauerkraut
2 EL Schnittlauch zum Bestreuen

Zubereitung

1. Mehl in eine Schüssel geben, in die Mitte eine Kuhle drücken und dort die Hefe mit etwas warmer Milch und Zucker verrühren. Das Dampferl 10 bis 15 Minuten an einem warmen Ort oder über Wasserdampf gehen lassen.
2. Salz, Eier und restliches Mehl vermischen. Warme Milch portionsweise zugeben und verrühren, bis ein gleichmäßiger Teig entsteht. Teig abschlagen, bis er Blasen wirft, und wie oben rund eine Stunde gehen lassen. Mit einem Suppenlöffel Teigstücke abstechen und auf bemehlter Fläche Kugeln formen.
3. Ein Kilo Butter in einer großen Pfanne schmelzen. Eine Tasse Wasser zugeben, bevor das Fett heiß ist. Teigkugeln in die geschmolzene Butter legen und 20 Minuten zugedeckt kochen. Deckel nicht anheben!
4. Nach 20 Minuten Butternudeln wenden und 5 Minuten offen kochen.
5. Aus der Pfanne nehmen, abtropfen und in eine Schüssel geben. Dazu Sauerkraut servieren, das kurz in der Butternudelpfanne – im „Grundschmalz" – gewendet wurde. Teller mit Schnittlauch bestreuen.

Buttermilchnudeln

Im Milchparadies Pinzgau gab's auch echte, ursprüngliche Buttermilch. Die war frisch ebenso begehrt wie in einem gschmackigen Brandteig.

Ferien bei der Großmutter

„Buttermilch aus'm Kübel ist gut für neun Übel, steht sie a Stund, is sie für'n Hund." Mahnende Reimsprüche wie diesen gibt es einige. Denn das wohlschmeckende Nebenprodukt der Butterherstellung war offenbar in der Tat etwas heikel. „Ich kann mich erinnern, dass sich die Oma einmal nicht daran gehalten hat oder gedacht hat, das geht schon noch – oh, da ging es ihr schlecht", erzählt Brigitte Heger aus Horn im Waldviertel. Das Rezept für Buttermilchnudeln kennt sie seit ihrer Kindheit und Ferienaufenthalten bei der Großmutter in Uttendorf in der Nähe von Zell am See im Pinzgau.

Zuerst einmal ein guter Schluck

Butter wurde im Haus der Großmutter selbst hergestellt. Die Milch dazu stammte vom Nachbarhof. „Die hat unglaublich gut geschmeckt. Wir selbst hatten ja nur Ziegen und Schafe. Jedenfalls habe ich als Erstes immer einmal einen großen Schluck davon genommen, wenn ich sie holen durfte", erinnert sich Brigitte Heger. Stand die Milch dann eine Zeitlang, bildete sich der Rahm, der von der Großmutter abgeschöpft und zu Butter weiterverarbeitet wurde.

Dafür kam er in ein spezielles Glas mit einem Schraubdeckel, in dem sich mechanisch mehrere Quirle – ähnlich einem Mixer – bewegen ließen. „An ein richtiges Butterfass kann ich mich nicht erinnern, es hat allerdings auch so bestens funktioniert, und wir Kinder haben das mit Begeisterung gemacht."

Salzig oder süß

Die dabei entstandene echte Buttermilch war ein süßsäuerliches, wässrig-buttriges Getränk, das entweder gleich getrunken wurde – aber stets nur ganz frisch – oder in der Küche zum Einsatz kam.

Zusammen mit Grieß wurde daraus eine Art Brandteig zubereitet, der anschließend zu Nudeln gewuzelt wurde. Diese wiederum kamen mit viel zerlassener Butter und Bröseln in eine Rein oder ein Pfandl und wurden unter heftigem Rütteln und Schütteln des Geschirrs gut angebraten. Besonders beliebt waren immer die allerknusprigsten Stücke.

Gegessen wurden die Buttermilchnudeln leicht gesalzen mit einem frischen Salat. Oder aber auch mit Zucker bestreut, da gab's als Beilage dann ein Kompott oder einen Obströster.

Zutaten

1 l Buttermilch
140 g Grieß
Salz
ca. 120 g griffiges Mehl
150 g Butter
100 g Brösel

Zubereitung

1. Buttermilch mit Grieß und einer Prise Salz versprudeln. Dann aufkochen und unter ständigem Weiterrühren so viel Mehl dazumischen, bis eine ballige Masse entsteht (ähnlich einem Brandteig), die sich leicht vom Geschirr löst.
2. Den Teig auf ein bemehltes Brett stürzen und noch warm zu langen Schlangen ausrollen. Kleine Stückerln davon abzwicken und zu Nudeln (wie Erdäpfelnudeln) wuzeln.
3. In einer Rein Butter zergehen lassen, Semmelbrösel goldgelb darin rösten. Die ungekochten Nudeln dazugeben und unter Rütteln gut erhitzen, bis sich eine Kruste bildet und die Nudeln schön angebraten sind. Eventuell nachsalzen und mit Blattsalat servieren.

Kärntner Kasnudl

Mit herkömmlichen Teigwaren hat sie nichts zu tun und schon gar nichts mit Käse. Auch ihre Zubereitungsarten sind so vielfältig wie die Landschaft zwischen Packalpe und den Hohen Tauern.

Kleine Grammatikstunde

Zunächst eine grammatikalische Seltsamkeit: Sagen Sie niemals Käsnudeln mit „n"! Auch wenn man mehrere davon auf dem Teller hat, heißt das schlicht: die Kasnudl. Freilich nur gesprochen, geschrieben wird selbst auf Kärntner Speisekarten Käsnudel. Seltsam geht es weiter: Es handelt sich nämlich weder um eine Nudel, noch ist sie mit Käse gefüllt. Das Innere wird nur von einem Nudelteig (selten auch Kartoffelteig) umhüllt, der Topfen in der Fülle kann maximal als Vorstufe eines Käses bezeichnet werden.

Geschmackssache & Formfrage

Nennen wir sie hier also schlicht Kasnudl. Erste Aufzeichnungen über das Nationalgericht der Kärntner stammen aus dem 18. Jahrhundert. Und eine allgemeingültige Regel, wie sie serviert werden, gibt's natürlich nicht.

Bei der Fülle wechseln sich quer durch die Lande Bröseltopfen mit Semmelwürferln und Kartoffelstückerln ab, ebenso wie Zwiebel und Knoblauch mit Kerbel oder Minze. So sehen beispielsweise in der Gegend um Ruden die Kasnudl völlig anders aus als in Mittelkärnten und unterscheiden sich doch recht deutlich in Geschmack und Größe. Da gibt's plötzlich fünf bis sechs winzige Stück auf dem Teller, selbst der sonst übliche Krautsalat wird durch einen grünen oder gemischten Salat ersetzt. Beim Weiterfahren nach Westen verschwinden nach und nach Semmelwürfel, Zwiebel und Knoblauch. Die Zahl der Nudl am Teller wird weniger, dafür werden die einzelnen Exemplare immer größer.

Wehe, wer nicht krendeln kann

Ab dem Wörtherseeraum findet man die ersten gekrendelten oder gerandelten Kasnudl. Dieses Krendln oder Randln ist ein Ineinander-Verdrehen der beiden Teigränder. Das hat beim Kochen einen Vorteil: Gekrendelte Kasnudl platzen nicht so leicht auf wie geklebte. Auch ein alter Spruch verweist auf die Wichtigkeit dieser kunstvollen Art, die Teighülle nach dem Füllen zu schließen: *A Dirndl, dås nit krendln kån, kriegt kan Månn!*

Irgendwo in der Mitte des Landes wird aus der Kasnudl dann die Kärntner Kasnudl. In der Füllung der inzwischen faustgroßen Nudel, die aus einem Topfen-Kartoffel-Gemisch besteht, findet man Kerbelkraut (auf Kärntnerisch *Keferfil*) und Minzeblätter. Angerichtet entweder mit heißem oder gebräuntem Butterschmalz, dazu die herbe Kerbel und die schmackhafte Minze in Kombination mit dem gekochten Topfen – all das macht aus dem Gericht eine unvergessliche Delikatesse.

Zutaten

TEIG

500 g Mehl, 400 ml Öl
250 ml Milch
½ KL Salz, 1 Spritzer Weißwein

FÜLLE

500 g Bröseltopfen
250 g mehlige Kartoffeln (gekocht, geschält und klein geschnitten)
Pfeffer, Salz, gehackte Minze
Keferfil (Kerbelkraut)

Zubereitung

1. Mehl, Öl, Milch, Salz und Weißwein vermischen. So viel heißes Wasser zugeben, bis ein geschmeidiger Teig entsteht. 30 Minuten kühl rasten lassen.
2. Den Teig dünn auswalken und in handtellergroße Flecken schneiden.
3. Zutaten für die Fülle gut vermischen und zu Kugeln rollen. Auf die Teigstücke legen und mit dem Teig umhüllen. Die Ränder krendelnd verschließen.
4. In kochendes Wasser legen und 20 Minuten leicht kochen. Mit geschmolzener Butter servieren, optional mit Kräutern garnieren.

Gekochte Kasnudl können ein paar Tage im Kühlschrank aufbewahrt werden. Dann in kleine Stücke schneiden und in heißem Butterschmalz rösten.

Pustertaler Tirtlan

Spinat, Erdäpfel, Topfen oder Kraut. Wie auch immer die gebackenen Teigtaschen gefüllt werden, in Südtirol gibt es stets einen guten Grund für Tirtlan – ob in der Fastenzeit oder beim Almabtrieb.

Die Spezialität zum Almabtrieb

Alle Jahre wieder: Die Rückkehr des Viehs von den Bergweiden ins Tal ab September wird in Südtirol feierlich begangen. Beim Almabtrieb sind die Kühe aufgeputzt wie sonst nie im Jahr. Das lockt viele Menschen an, auch viele hungrige.

An den Ständen der Bauern gibt es deshalb allerlei Köstlichkeiten. Die wohl bekanntesten sind die Tirtlan (vom lateinischen *torta* für rundes Gebäck) aus einfachen Zutaten, die man in der oft kargen Bergwelt eben zur Verfügung hatte. Toni Santa aus Deutschnofen im Eggental, der uns das alte Tirtlan-Rezept seiner Familie geschickt hat, nennt aber noch einen wichtigen Bestandteil: „Geduld, auf die Ruhe kommt es nämlich an. Meine Großmutter hat immer gesagt, dass der Teig mindestens eine Stunde lang ziehen muss."

Salzig oder süß?

Tirtln, Türtlan, Tirschtlan, Turtres oder Türschtlan werden sie auch genannt – und je nachdem, wo sie zubereitet werden, unterschiedlich gefüllt: im Pustertal, wo die gebackenen Teigtaschen ihren Ursprung haben, gern auch mit den schmackhaften Puschtra-Erdäpfeln, für die in der Region sogar richtige Feste gefeiert werden. Traditionell wurden die Tirtlan entweder als kleiner Happen zu den Mahlzeiten oder als Beilage zur Gerstensuppe gegessen. Die Teigtaschen können aber mit zahlreichen anderen Füllungen zubereitet werden – die süßen mit Marmelade, Preiselbeeren und Johannisbrotkernmehl, die pikanten mit Kraut, Spinat, Mangold oder Topfen.

Laut einem Kochbuch der Hochzeitsköchin Nothburga Engl aus dem Jahre 1837 wurde die Südtiroler Spezialität damals auch mit Fleisch, Grieß, Mohn und Schokolade gefüllt.

Milde Gaben für die Armen

Man muss aber nicht unbedingt einer geschmückten Kuh zuschauen, die von der Alm heruntertrottet, um herzhaft in Tirtlan zu beißen. Die Tascherln waren auch ein beliebtes Fastenessen. In einigen Regionen Südtirols fanden im frühen 20. Jahrhundert zur Fastenzeit sogar „Türtlmärkte" statt, auf denen verschiedenste Varianten zubereitet wurden. Und in Lüsen im Eisacktal sind milde Taten aus dem 18. Jahrhundert überliefert. Dort erhielten die Bedürftigen am St. Georgi-Kirchtag ein üppiges Armenmahl: aus frisch gebackenen „Törteln".

Zutaten für ca. 15 Stück

180 g Roggenmehl, 80 g Weizenmehl
1 EL Olivenöl, 1 Ei, 100 ml Milch
Salz, Öl zum Backen

FÜR DIE FÜLLUNG
1 kleine Zwiebel
1 Knoblauchzehe
1 EL Butter
500 g frische Spinatblätter ohne Stiel
Salz, Muskatnuss

Zubereitung

1. Alle Zutaten auf einer Tischplatte vermischen und zu einem glatten Teig verkneten. Den Teig mit einem feuchten Tuch bedecken und eine halbe Stunde rasten lassen.
2. Zwiebel und Knoblauch fein hacken und in Butter leicht bräunen. Den Spinat hacken, mit Zwiebeln und Knoblauch verrühren, würzen und abkühlen lassen.
3. Den Teig zu einer daumendicken Rolle formen und 30 gleich große Stücke abtrennen. Die Stücke zu runden, sehr dünnen Flecken auswalken. Die Spinatfüllung auf 15 Flecken verteilen, dabei einen schmalen Rand belassen. Mit den restlichen Flecken bedecken und mit bemehlten Händen die Ränder festzwicken.
4. Mit einem gezackten Teigradl ausradeln oder mit einem passenden Keksförmchen ausstechen.
5. In einer tiefen Pfanne Öl erhitzen und die Tirtln beidseitig schwimmend herausbacken.

Zaunbändernudeln

Diese kommen im Weststeirischen traditionell erst dann auf den Tisch, wenn die Kühe wieder auf den saftigen Almen und Wiesen weiden – eine Referenz an den Frühling!

Es grünt so grün

Dieses alte Gericht aus der Weststeiermark wird man vergeblich in den Kochbüchern von Bürgerfrauen suchen. Es stammt aus der Bauernküche und verweist gleich dreifach auf die Frühlingszeit. Da wäre einmal der Einsatz von Rahm, der erst wieder verwendet wurde, wenn die Kühe frisches Grün fressen konnten und viel Milch gaben. Dazu kommen Wald- und Wiesenkräuter quasi als i-Tüpferl. Und schließlich auch der Name selbst: Zaunbändernudeln.

Von Zweigen und Latten

Für das Reparieren der Zäune gab es eine besonders gut geeignete Zeit: den Mai nämlich, wenn die Rinde von jungen, dünnen Fichtenästen so richtig im Saft stand. Die dann sehr biegsamen, ungefähr fingerdicken Zweige hat man zu einer Art Seil miteinander verdreht und damit die Zaunlatten an den Stehern fixiert.

Eine mühselige Arbeit, die jedoch Jahr für Jahr notwendig war, um die Zäune intakt zu halten, bevor das Vieh wieder raus auf die Weide konnte. „Die Nudeln werden zum Schluss in etwa zwei Finger dicke Streifen geschnitten. Dann haben sie tatsächlich eine Ähnlichkeit mit den Fichtenästen“, sagt Cäcilia Kaltenegger.

Sie kennt das Gericht aus dem leider vergriffenen Kochbuch *Nimm an Löffel und iss mit,* das aus der Feder von Hüttenwirtin Johanna Reinisch stammt und gespickt ist mit fast vergessenen Rezepten der Bauernküche.

Von Hütten und Schwaigen

Die Milchwirtschaft hat auf den steirischen Almen eine lange Geschichte, die bis ins 12. Jahrhundert zurückreicht. Noch in den 1950er-Jahren zählte man fast 3.000 Hütten, anno 1952 waren es exakt 4.356 Ställe. Dazu gab es noch an die 600 Schwaigen, das sind selbständige und das ganze Jahr über bewohnte Viehwirtschaften. Die Sennerinnen oder Schwaigerinnen haben die Kühe gemolken und nahezu täglich Butter und Käse hergestellt.

Der Rahm selber wurde im sogenannten Rahmschaff gesammelt. Ein wichtiges Arbeitsgerät war auch der „Rahmzweck“, mit dem der Rahm von der Milch getrennt wurde. Rahmzwecke waren ein beliebtes Geschenk, oft verziert mit Sinnsprüchen, wie diese Inschrift von 1895 zeigt: *Mein Schatz ist a Schworgrin, hat e segs a sim Kühr, sie hat an gschetertn Bolster, gut liegt ist bei ihr.*

Zutaten für 2 Rollen

FÜR DEN TEIG
300 g Mehl
4 Eier
1 EL Öl, ½ TL Salz

FÜR DIE FÜLLE
200 g Sauerrahm
4 EL gehackte Kräuter
2 EL Butter oder 4 EL Grammeln zum Abschmalzen
Kräuter zum Bestreuen

Zubereitung

1. Die Zutaten zu einem festen Teig kneten und 1 Stunde rasten lassen.
2. In zwei Teile schneiden und dünn ausrollen. Die Teigfladen mit Rahm bestreichen und mit Kräutern bestreuen. Eng einrollen und die Enden zusammendrücken.
3. In eine Stoffserviette wickeln und in leicht kochendem Wasser 20 Minuten ziehen lassen oder ohne Serviette im Dampfgarer dämpfen.
4. In zwei Finger breite Streifen schneiden und mit heißer zerlassener Butter oder in Butter angebratenen Grammeln anrichten.
5. Mit Kräutern bestreuen, entweder als Hauptgericht mit grünem Salat oder als Beilage (ohne Butter oder Grammeln) zu Rindsbraten oder Wild servieren.

Andauer Grießstrudel

Strudel gehören zur burgenländischen Küche wie der Storch zum Kirchturm. Die „g'sottene" Variante wird mit Topfen und Grieß gefüllt, dazu gibt's einen Gurkensalat.

Der Geschmack von daheim
Wenn Großtante Thekla aus Wien zu Besuch in ihren Heimatort Andau in den letzten Zipfel Burgenland hinter dem Neusiedler See kam, dann wusste es gleich das halbe Dorf. „Dort, wo's g'sottene Strudel gegeben hat, hat sich die Thekla nämlich gern zum Mittagessen eingeladen", erzählt Georg Brettl. Und gastfreundlich, wie die Burgenländer sind, war die Theki-Tant stets herzlich willkommen.

Die besondere Liebe zum „Olle-Tog-Gericht" Grießstrudel hat auch niemanden großartig überrascht. Ebenso wenig die Erkenntnis, dass es derart Köstliches in der Großstadt, in die Thekla als junges Mädchen ausgewandert war, nicht zu geben schien. „Wenn meine Mutter gewusst hat, dass die Tante kommt, hat sie gleich mit dem Strudelmachen begonnen."

Die Kühe auf der Lau
Die Zutaten, die es dafür brauchte, gab es in jedem Haushalt: Mehl und Ei für den Strudelteig, Grieß und Topfen für die Fülle und Gurken aus dem Garten für den Salat. „Hühner oder ein paar Kühe hatte praktisch jeder Hof." Sobald es warm genug war, kam das Vieh des Dorfs jeden Tag auf die Weide. Georg Brettl: „Die Tiere wurden gemeinsam auf der Lau, einer Wiese neben einer Lacke, gehütet." Kühe und Kälber des Ortes waren dann dort versammelt, manchmal auch ein paar Pferde, und dazwischen schnatterten die Gänse. Letztere übrigens nicht selten mit bunten Farben markiert, damit man sah, wem welches Tier gehörte.

In den Topf gedreht
Das typische Essen zum pannonischen Dorfleben war der in der burgenländischen Küche stets wichtige Strudel. Er wurde pikant oder süß gegessen, und das große Geheimnis lag in einer hauchzarten Teighülle. Die musste entsprechend geknetet und gewalkt und schließlich möglichst dünn über den Handrücken ausgezogen werden.

Bis weit ins 19. Jahrhundert wurden Strudel übrigens in einem irdenen Topf gegart, der direkt in die Glut gestellt wurde. Der Strudel wurde dazu schneckenförmig in die Rein gedreht, was ihm auch seinen Namen bescherte. Der Begriff Strudel leitet sich vom althochdeutschen *straden* ab, was „wallen" bedeutet. Die langgestreckte Form erhielt der Strudel erst mit der Erfindung des Sparherdes mit Backrohr.

Zutaten für 6–8 Portionen

FÜR DEN TEIG
250 g glattes Mehl
125 ml lauwarmes Wasser
1 Ei, 1 KL Salz
1 EL Öl (nach Belieben)
zerlassene Butter zum Bestreichen

FÜR DIE FÜLLE
140 g Grieß
50 g Schmalz oder Butter
200 ml Sauerrahm
250 g Topfen, 1 Ei

Zubereitung

1. Für den Strudelteig alle Zutaten zu einem Teig verkneten, eventuell einen Schuss Öl beigeben. Den Teig so lange kneten, bis er glatt und geschmeidig ist, dann 30 Minuten rasten lassen.
2. Teig auf einem bemehlten Tuch auswalken und dünn ausziehen.
3. Für die Fülle den Grieß im zerlassenen Schmalz anrösten und mit dem glatt gerührten Rahm aufkochen. Den Topfen mit dem Ei vermischen.
4. Ausgezogenen Strudelteig mit etwas zerlassener Butter bestreichen, dann streifenweise Grieß und Topfen draufgeben.
5. Strudel einrollen, die Enden gut verschließen. Den Strudel nun mit dem Kochlöffelstiel in 6 bis 8 Portionen (etwa 8 bis 10 cm groß) zerteilen und die Ränder der einzelnen Packerln gut festdrücken.
6. Den Strudel in einem Topf in leicht wallendem Salzwasser ca. 15 Minuten kochen, dann herausnehmen. Dazu passt Gurkensalat.

Steirische Fleischkrapfen

Galt es, eine große Menge Leute satt zu bekommen, dann gab es einst im Ennstal Krapfen aus Roggenteig, gefüllt mit Geselchtem oder Bratenresten.

Nahrhafte Hüttenkost

Es ist die Gegend zwischen Admont und Gröbming, die für diese Art von gefüllten Krapfen bekannt ist. „Kennengelernt hab ich das Gericht durch die Mutter meines ersten Freundes", erzählt Gudrun Brandmüller aus Ardning im Bezirk Liezen. „Sie kannte noch sehr viele traditionelle Gerichte, die mit nur wenigen Zutaten auskamen und trotzdem hervorragend schmeckten."

Die Quasi-Schwiegermutter hatte jeden Sommer als Sennerin auf den Almen des Ennstals verbracht. Dort musste sie sich natürlich selbst versorgen. Vorrangig wurden Milch- und Getreideprodukte verarbeitet und verkocht, wie im Fall der Roggen- oder Fleischkrapfen.

Roggenmehl, Milch & Steirerkas

Der schlichte Teig der Hülle besteht aus zwei Zutaten: Roggenmehl und Milch. Roggen wurde früher wie in den meisten Regionen des Alpenraums auch im Ennstal praktisch auf jedem Hof angebaut. „Das war das Brotgetreide, das jeder brauchte." Das Mehl wurde mit Milch und etwas Salz zu einem Teig verknetet und hauchdünn ausgewalkt. Die fast tellergroßen Teigflecken hat man danach gleich in heißem Schmalz herausgebacken und ähnlich wie Palatschinken gefüllt zusammengerollt. Eingehüllt wurde zumeist der traditionelle Steirerkas (ein Topfenkäse, gewürzt mit Pfeffer und Kümmel), manchmal auch Honig. Oder man füllte den rohen Teig, klappte ihn zu einem Halbkreis zusammen und frittierte die Krapfen dann in heißem Fett goldbraun.

Und dazu gibt's Bohnlkraut

„Fleischkrapfen waren ein typisch bäuerliches Gericht, das man entweder dann zubereitet hat, wenn viele Leute zu Gast waren oder man Reste verwerten wollte", erzählt Gudrun Brandmüller. „Für die Fülle hat man zumeist einfach Bratenreste oder ein Stück Geselchtes faschiert."

Sie selbst bereitet die Fleischkrapfen übrigens jedes Jahr auf dem Admonter Adventmarkt zu – und die Nachfrage ist enorm. Dazu gibt es so wie früher das typische „Bohnlkraut", mit Zwiebelschmalz abgebranntes Sauerkraut, unter das zum Schluss weich gekochte rote oder weiße Bohnen gemischt werden.

Zutaten für 4–6 Personen

500 g Roggenmehl
350 ml Milch
½ EL Salz
½ mittelgroßer Selchroller
Schweineschmalz zum Herausbacken

Zubereitung

1. Aus Mehl, Milch und Salz einen geschmeidigen Teig kneten. Den Teig zu einer Rolle formen. Von der Rolle jeweils 1–2 cm dicke Stücke abzwicken und jedes Stück etwa palatschinkengroß und sehr dünn auswalken.
2. Den Selchroller faschieren.
3. Auf die Teigstücke je 2 EL Haschee geben, zuklappen und die Ränder mit Gabelzinken gut festdrücken. Der Krapfen soll etwa so groß werden wie ein halber Teller.
4. In heißem Schmalz herausbacken. Dazu serviert man Bohnlkraut (Sauerkraut mit roten Indianerbohnen) oder Sauerkraut.

Smetani Struklj – der gekochte Strudel

In Kärnten kennen ihn nur noch wenige aus den Überlieferungen ihrer Großmütter, in Slowenien ist er bis heute die heimliche Nationalspeise. Und jeder hat sein eigenes Struklj-Rezept – von zuckersüß bis fleischig-pikant.

Ein Kochbuch anno 1799

Wenn es eine Urmasse gibt, mit der die slowenische Küche des Landesinneren assoziiert wird, so besteht sie aus Mehl, Wasser und allenfalls Ei und Germ. Struklj ist eine besondere Form des Strudels ohne Blätterteig. Er vereint in sich die romanisch-slawischen Arten der Teigzubereitung mit den süßen Füllungen des alpinen Raums.

Das Grundprinzip: Ein Mehl- oder Germteig wird ausgerollt, mit den aromatisierenden Zutaten bestrichen, wieder zusammengerollt, in Küchentücher oder Pergament eingeschlagen und in Salzwasser gekocht. Manche Strukljі werden gleich danach in Scheiben geschnitten und aufgetragen, andere werden noch einmal kurz in heißem Fett herausgebacken.

Die Fülle an Füllungen

Struklji gehören zu den ältesten überlieferten Rezepten der slowenischen Küche. Ein Kochbuch anno 1799 listet Dutzende verschiedene Rezepte auf; es gibt aber noch viel ältere Beschreibungen von Struklj-ähnlichen Gerichten, die bis ins 15. Jahrhundert zurückreichen.

Die Seele des slowenischen Strudels ist bereits in den Aufzeichnungen des Leibkochs des Erzbischofs von Aquileia enthalten, der eine spezielle Feigenfülle ersann, die noch heute verwendet wird. In Slowenien ist der Strudel auch heute ungebrochen populär. Jedes Tal, jedes Dorf hat eigene Struklj-Varianten. *Strukelj* ist sogar ein recht verbreiteter Familienname.

Eine Kernzone bildet dabei das Soča-Tal. Ortschaften wie Kobarid oder Tolmin pflegen jeweils eigene Traditionen; im einen Ort dominieren Topfen, Walnüsse und Rosinen, im anderen ein Teig aus Buchweizen, Bröseln und Butter. Die Fülle an Zutaten ist unerschöpflich: Dörrobst, Beerenfrüchte, Powidl, Rahm oder Frischkäse prägen neben Nüssen aller Art die süße Seite, Bohnen, Pilze, Fleisch, aber auch Blut die pikante. Beide Struklj-Formen werden mit brauner Butter oder mit darübergestreuten Grammeln serviert.

Es sieht einfacher aus, als es ist

Der Teig ist gar nicht so leicht aufzurollen, wie es aussieht. Da müssen sich die mit Mehl gestaubten Hände flink von einem Ende zum anderen bewegen, sonst reißt er oder bleibt kleben. Wichtig: das Küchentuch, in das der Teig eingeschlagen wird, gut befeuchten, damit sich der Strudel nach dem Kochen leichter vom rauen Stoff löst. Wer auf Nummer sicher gehen will, reibt das nasse Tuch vorher mit Semmelbröseln ein.

Zutaten

FÜR DEN NUDELTEIG
500 g griffiges Mehl
1 Ei
200 ml lauwarmes Wasser
etwas Salz

FÜR DIE FÜLLE
¼ l Sauerrahm
3 EL Zucker
etwas Zimt
3 EL Semmelbrösel
80 g braune Butter

Zubereitung

1. Für den Teig alle Zutaten verkneten und 30 Minuten rasten lassen.
2. Nudelteig dünn ausrollen. Sauerrahm aufstreichen, mit Zucker, Zimt und Semmelbröseln bestreuen. Den Teig einrollen und in ein nasses Küchentuch wickeln.
3. In einem Topf leicht gesalzenes Wasser aufstellen und zum Kochen bringen. Die Nudelteigrolle einlegen und 20 Minuten ziehen lassen.
4. Herausnehmen, aus dem Tuch wickeln und in 1 cm dicke Schnitten schneiden. Mit brauner Butter übergießen, anzuckern und mit etwas Zimt bestreuen. Noch warm servieren.

Schwarzplentene Knödel

Buchweizen ist die Basis dieses traditionellen Südtiroler Gerichts. Zusammen mit Semmelwürfeln, Speck und Lauch werden gschmackige Knödel daraus gemacht.

Ein Essen für den Vater

Fragt man bei der Wirtin des Ortes St. Vigil im Enneberger Tal in Südtirol nach der Geschichte des Buchweizenmehls, so macht das gleich die Runde. Nicht nur, weil Patronin Luisa „Loise“ Obwegs damit gerade Teig für den Sterz anrührt, sondern auch, weil so mancher Gast Erinnerungen an Rezepte der Kindheit auspackt. Knödel haben die einen daraus gemacht, Nocken die anderen, und auch Süßes wurde gebacken. „Mein Vater hat es geliebt“, berichtet auch Giovanni Rindler.

Er selbst stammt aus der Ortschaft und lebt heute in Wien. Als Bursch hat er jeden Sommer mit dem Vater das Vieh des Ortes auf die Almen der Dolomiten rundum gebracht. Die Mutter ist mit den jüngeren Brüdern am Hof geblieben und hat den Laden allein geschupft. Saßen einmal alle zusammen am Tisch, gab es oft Schwarzplentene Knödel und dazu ein Glas Milch.

Mit Butter oder Speck

Buchweizen wurde in vielen Tälern Südtirols angebaut, war einst die klassische Zweitfrucht. Das daraus gewonnene Mehl enthält allerdings keine Stärke und klebt daher nicht. „Ich kann mich erinnern, dass deshalb entweder viel Butter dazugegeben wurde oder Speck“, erzählt Giovanni Rindler. Oder man ersetzte den fehlenden Kleber durch Ei. „Aber damit hat man früher wohl manchmal gespart, darum hat's mir als Bub nicht so geschmeckt.“ Ebenfalls wichtig: Man muss das Mehl quellen lassen wie für Polenta; der Ausdruck „plentene“ kommt davon.

Das Mehl der Sarazenen

Wie die meisten Dinge hat auch Buchweizenmehl in Südtirol drei Bezeichnungen: je eine deutsche, italienische und ladinische. *Farina da poiea* wird es in der Regionalsprache mit den rätoromanischen Wurzeln genannt, auf Italienisch heißt es *farina di grano saraceno*, also Mehl der Sarazenen.

Es wurde grob vermahlen, „und man musste aufpassen, denn da konnten schon auch kleine Steine vom Feld mit drin sein“, erinnert sich Giovanni. Heute ist es in verschiedenen gut gesiebten Mahlgraden erhältlich und erlebt auf vielen Familien-Esstischen oder im Wirtshaus eine Renaissance. Die Schwarzplentenen Knödel mit Speck und Lauch kann man entweder mit Salat servieren (traditionell gibt es dazu ein Glas Milch oder Buttermilch) oder mit Sauerkraut.

Zutaten für 8 Knödel

100 g Bauchspeck
3 EL Lauch
2 EL Schnittlauch
200 g (5 Handvoll) grob gemahlenes Buchweizenmehl
20 g (gut 1 Handvoll) Semmelwürferl
Salz
1–2 Eier
1 Schuss Öl
8–9 EL Wasser

Zubereitung

1. Den Speck in kleine Würferl schneiden, Lauch und Schnittlauch klein schneiden.
2. Alle Zutaten vermengen, zuletzt das Wasser dazugeben und alles gut vermischen. Die Masse muss gut zusammenkleben. Den Teig rund 30 Minuten quellen lassen.
3. Danach mit nassen Händen Knödel formen und in leicht kochendem Salzwasser etwa 30 Minuten köcheln lassen.
4. Dazu passt Sauerkraut oder Salat.

Schöberl

Einfach und einfach köstlich: Das Schöberl, wie es in vielen ländlichen Regionen zubereitet wird, ist in seiner Schlichtheit eine wahre Delikatesse. Ob salzig oder süß – es schmeckt immer gut.

Der Klassiker aus der Bauernküche
Das Bauernschöberl ist einfach eine Art Palatschinkenteig aus Mehl, Eiern, Milch und etwas Salz. In einem eigenen Schöberlgeschirr wird zunächst Schweineschmalz erhitzt, dann dieselbe Menge Teig eingefüllt und auf dem Herd beidseitig goldgelb gebacken. Diese Schöberl wurden dann mit Salat gegessen oder mit Sirup versüßt.

Berühmt für ihre Schöberl war und ist die Waldburgangerhütte im Rax-Schneeberg-Gebiet in Niederösterreich. Sie liegt an der Bodenwiese am langgestreckten Gahns, auf den ein einfacher, nur im letzten Drittel steiler Weg vom Bahnhof Payerbach hinaufführt. Die Alm-Schöberl hier sind weder Suppeneinlage noch Mahdhelfer-Frühstück, sondern eine Mehlspeise: Der Teig wird zusammenhängend in heißes Öl getropft, darauf wird Ribiselgelee geträufelt und das Ganze gezuckert. Die Hüttengäste raufen sich geradezu darum.

Die deftig-kräftige Kugel
Eine interessante, heute kaum noch bekannte Schöberlvariation sind die sogenannten *Bluatschöberl*, die man dann erhält, wenn man dem Teig statt Milch frisches (Schweine-)Blut zugibt. Der Palatschinkenteig wird mit Blut angerührt, dann spiralförmig in drei Finger hohes Fett gegossen, und zwar in eine eigene, halbkugelförmige Schöberlpfanne, wie sie heute kaum mehr existiert. Sobald die Unterseite braun geworden ist, wird die Masse umgedreht und wieder etwas Teig auf die gleiche Art darübergegossen. Das wiederholt man so lange, bis die entstandene Kugel ca. 10 cm Durchmesser hat.

Das Schöberl in der Suppe
Gemeinhin bekannt ist das Schöberl als Suppeneinlage. Dafür wird ein festerer Teig aus Eiern, Mehl, Milch, Butter und Salz fingerdick auf ein Blech aufgetragen, im Rohr gebacken und danach in kleine Rechtecke geschnitten. Für die Herkunft des Namens gibt es zwei Theorien: Eine besagt, dass es ein Herr Schöberl, seines Zeichens Hofkoch bei Kaiser Franz Joseph, erfunden haben soll. Die zweite stützt sich auf einen alten Kalender, in dem eine Suppe für das „Montagsmenü" empfohlen wird. Dort heißt es: „Das für diese Suppe komponierte Backwerk wird mit einem kurzen Schub in den Ofen befördert und ist deshalb Schöberl benannt."

Zutaten

5 Eier
250 ml Milch
320 g glattes Mehl
1 TL Salz
250 g Schweineschmalz

Zubereitung

1. Eier trennen. Eidotter, Milch, Mehl und Salz zu einem glatten Teig rühren.
2. Eiklar zu Schnee schlagen und unterheben. Schmalz erhitzen.
3. Teigmasse kreisförmig einlaufen lassen, beidseitig goldgelb backen (im Schöberlgeschirr portionsweise, in größerer Pfanne alles auf einmal).
4. Das traditionelle Bauernschöberl wird mit Blattsalat (am besten klassisch mit Hesperidenessig, Salz, Pfeffer und etwas Zucker) genossen.

Tipp

In Wien wurde zu Zeiten der Monarchie besonderen Delikatessen gerne das Wort „Kaiser" vorangestellt – und schon hatte die berühmte Suppeneinlage „Kaiserschöberl" ihren Namen.

Süß geht immer

Für Zeiten des Feierns
und des fleischlosen Genusses:
von A wie Apfel bis Z wie Zucker

Oberfränkische Schneiderslapple

Wenn im Winter der Küchenofen so richtig eingeschürt war, dann reichte die heiße Herdplatte aus, um diese süße Köstlichkeit zubereiten zu können.

Ein altes Familienrezept

Wo der Name herkommt, das weiß Melanie Rosse nicht so genau. Schneiderslapple, also Schneiderläppchen auf Hochdeutsch. War der Erfinder ein Schneider? Oder war es die Form dieser dünnen Teiglappen, die an die Stoffstücke eines Schneiders erinnert? Dass es sich dabei um ein altes Familienrezept handelt, weiß die Oberfränkin aus Lauenstein sicher. Schon ihre Uroma hat das Rezept gekannt; auch Oma Senta, die Großmutter ihres Mannes, kennt es. Sie hat schließlich das Rezept in das Kochbuch geschrieben, das Melanie zur Hochzeit geschenkt bekam.

Typisches Winteressen

„Früher hat sich jeder gefreut, wenn es Schneiderslapple gab. Das war ein großes Ereignis", erinnert sich Melanie. Es war ein typisches Winteressen für einen Samstag: Da war ein wenig mehr Zeit als unter der Woche, und der Küchenofen war auch schon eingeschürt, weil er gleichzeitig als Heizung diente. Oma Senta hat heute noch so einen Ofen, und sie macht die Schneiderslapple noch direkt auf der heißen Platte über dem lodernden Holzfeuer. „Da schmecken sie gleich noch viel besser", verrät Melanie, „da ist die Hitz' einfach besser." Der Sohn von Oma Senta, Melanies Schwiegervater Achim Rosse, hat es einmal mit seinem Elektroherd, auf dem Boden des Backrohrs, versucht. „Das war dann zwar auch gut, aber a g'scheite Sauerei", resümiert Melanie.

Ein Mann, der bäckt? In Melanies Familie ist das keine Seltenheit. Schon bei ihren Urgroßeltern war es den Erzählungen nach der Uropa, der für die Schneiderslapple zuständig war. „Das war eine Form der Arbeitsteilung", sagt Melanie. „Der Uropa hat auch immer die Klöße gemacht."

Kompott und Kartoffeln

Die Erwartungen innerhalb der Familie sind groß. Trotzdem lädt Melanie alle ein, wenn sie die Schneiderslapple zubereitet. Dazu gibt es Kompott, natürlich selbst gemacht. Am besten Stachelbeere, weil die Speise selbst recht süß ist und es etwas Saures dazu braucht. Die Kartoffeln kamen einst vom Nachbarn aus dem Kartoffelkeller. „Im Herbst half das halbe Dorf beim Kartoffelgraben", erzählt Melanie.

Und was geschieht mit den Resten? „Die gibt es nicht. Nie!", beteuert Melanie. „Es wird immer alles aufgegessen, und alle sind pappsatt." Bei Oma Senta gibt es dann trotzdem ein paar Stunden später gleich wieder Kuchen und Kaffee. Wie es sich eben für eine richtige Oma gehört.

Zutaten

1 kg Kartoffeln (vorwiegend festkochend)
1 Prise Salz
Mehl, und zwar so viel, dass der Teig nicht mehr klebt
flüssige Butter (Menge nach Geschmack)
Kristallzucker zum Bestreuen
Kompott oder Apfelmus

Zubereitung

1. Kartoffeln mit der Schale rund 20 Minuten garen. Schälen und noch warm durch die Kartoffelpresse drücken, dann erkalten lassen. Salz und Mehl zugeben und von Hand verkneten, bis der Teig nicht mehr klebt.
2. Den Teig auf einer bemehlten Fläche dünn ausrollen und in rechteckige Schneiderslapple (ca. 10 × 15 cm) schneiden.
3. Diese in einer beschichteten Pfanne von beiden Seiten einzeln ohne Fett anbraten, bis kleine braune Flecken entstehen. Anschließend noch heiß mit geschmolzener Butter bestreichen, mit Zucker bestreuen und in eine Schüssel stapeln.
4. Dazu gibt es Kompott, Apfelmus oder einfach nur eine Tasse Kaffee.

Falscher Marmorkuchen

Geschwindelt wurde in unseren Küchen schon vor Jahrhunderten, vor allem wenn's ums Fasten ging. Ein besonders schmackhaftes Beispiel dafür ist diese Mehlspeise aus dem niederösterreichischen Strudengau.

Erfinderische Hausfrauen

Es gab in früheren Zeiten nicht weniger als 148 Tage im Jahr, an denen das Gebot des Fastens noch wirklich zählte. Fleisch war ebenso verboten wie tierisches Fett oder Schokolade. Und daran mussten sich alle halten – vom einfachen Volk bis zu Kaiserhaus und natürlich Klerus.

Noch nach dem Ersten Weltkrieg wurde die Einhaltung der Fastenvorschriften in der Gastronomie zum Teil sogar polizeilich überwacht. Der Einfallsreichtum der Hausfrauen jedoch bescherte der Nachwelt jede Menge kreativer „falscher" Gerichte. Statt Braten gab es Fischmasse in Rebhuhnform oder „falsches Hirn" aus Karfiol. Auch bei den Süßspeisen wurde getrickst: „Falsche Schokoladensuppe" enthielt dunkel geröstetes, mit Milch und Eiern verschlagenes Mehl, das mit erlaubten Gewürzen wie Zimt, Vanille oder Kardamom verfeinert wurde.

Stolz auf die Fälschung

Auch Kaffee wurde gern „gefälscht", wobei oft nur die Farbe an das Original erinnerte – und das Ergebnis nicht ganz überzeugte. So listen Rudolf Habs und Leopold Rosner in ihrem „Appetit-Lexikon" aus dem Jahr 1894 eine ganze Reihe von Kaffeesurrogaten wie etwa Eicheln, Feigen, Malz, Kastanien oder Erdmandeln auf und fügen hinzu: „Von dem Tranke freilich muss man bekennen: Der ist der beste, den man nicht zu trinken braucht."

Mit der Bezeichnung „falsch" ging man bis ins 20. Jahrhundert durchaus offen um. Schließlich sollte jeder wissen, dass die Schokolade oder das Fleisch nicht „echt" und somit fastentauglich war. Und im besten Fall auch schmackhaft.

Kaffee statt Schokolade

Aber auch Krisenzeiten machten erfinderisch, und es wurde vorgetäuscht, was man sich nicht leisten konnte oder nicht verfügbar war. Aber ob Fasten- oder Krisenküche – wichtig war in jedem Fall, dass das Endergebnis möglichst beeindruckend aussah.

Im „falschen Marmorkuchen", dessen Rezept von Gerlinde Hofbauer aus Geras stammt, wird die Schokolade durch geriebene Kletzen und schwarzen Kaffee ersetzt. „Es ist eine Mehlspeise aus meiner Heimat, dem niederösterreichischen Strudengau", erzählt Gerlinde Hofbauer. „Ich habe sie in einem alten Kochbuch wiederentdeckt." Und was steht dort über den Marmorkuchen noch zu lesen? „Einmal ausprobiert, wird dieses Rezept schnell neue Freunde finden."

Zutaten für 1 Gugelhupf mit ca. 20 cm Durchmesser

FÜR DEN WEISSEN TEIG
250 g Mehl, 10 g Germ, 40 g Zucker, 20 g weiche Butter, 125 ml Milch, Salz

FÜR DEN DUNKLEN TEIG
200 g Mehl, 10 g Germ, 100 ml schwarzer Kaffee mit 40 g Zucker, 5 geriebene Kletzen, 20 g weiche Butter, 1 Ei, Salz, Staubzucker zum Bestreuen

Zubereitung

1. Für die beiden Teige jeweils ein Dampfl aus Germ, lauwarmer Milch beziehungsweise dem ebenfalls handwarmen Kaffee und etwas vom Mehl ansetzen und aufgehen lassen.
2. Die beiden Dampfln mit den restlichen Zutaten für jeden Teig mischen und gut verkneten. Zwei Kugeln formen und jede an einem warmen, nicht zugigen Ort gehen lassen.
3. Dann die Teige einzeln ausrollen. Die dunkle Teigplatte auf die helle legen, Teige gemeinsam einrollen und in eine gut gefettete und bezuckerte Gugelhupfform legen.
4. Nochmals gehen lassen, dann bei mäßiger Hitze (ca. 160 °C Ober-/Unterhitze) backen, stürzen, anzuckern und servieren.

Blamasche & Bodelack aus dem Altbadischen

Mmh, Mandelsulz mit Karamellsoße – was für ein Fest für den Gaumen! Mandeln waren einst eine teure Delikatesse, die man nur zu ganz besonderen Anlässen verwendete.

Süßer Kindermund
Seinen köstlichen Namen bekam Tante Hildes heißbegehrter Nachtisch in den 1950er-Jahren, als Rosmarie Mäder und ihr Bruder Hanspeter noch Kinder waren. Weil sie *Blanc Manger* (franz. für „weiße Speise") nicht richtig aussprechen konnten, machten sie in ihrer Markgräfler Sprache daraus „Blamasche". Und weil die Karamellsoße auf dem Boden des Tellers glänzte wie Lack, hieß sie fortan „Bodelack". Klar wusste Tante Hilde, was gemeint war, wenn sie das Rezept aus dem handgeschriebenen Kochbuch ihrer Mutter, Rosmaries Oma, schmunzelnd nachkochte. Sie hatte noch alte regionale Maße verwendet, den Schoppen für 500 Milliliter, heute 250 Milliliter, und das Lot, das etwa 15 Gramm entsprach.

Langersehnte Belohnung
Tante Hilde – ihr graues Haar trug sie stets zu einem strengen Knoten gesteckt – war Pfarrerswitwe im rund 40 Kilometer entfernten Wieslet im Südschwarzwald. Rosmarie und Hanspeter durften bei ihr immer die Sommerferien verbringen.

„Einen Großteil des Weges zur Tante mussten wir damals noch zu Fuß gehen. Ein Stück nahm uns dann das Milchauto mit, wo wir auf der Ladefläche zwischen den großen Milchkannen saßen", erinnert sich Rosmarie Mäder. Oft halfen die Kinder in Wieslet auch bei der Heuernte. Zur Belohnung machte Tante Hilde am Ende der Ferien als Sonntagsnachtisch „Blamasche & Bodelack". Rosmarie schwärmt: „Die gemahlenen Mandeln spüre ich noch heute auf der Zunge."

Himmlisch weiße Berge
Tante Hilde hielt neben Schweinen auch Kühe und Hühner. Sahne, Milch und Eier waren trotz der kargen Nachkriegsjahre immer vorrätig. Zucker und Mandeln musste sie aber über Wochen zusammensparen. Es hatte immer etwas Feierliches, erzählt Rosmarie, wenn die Tante in der blau-weißen Schürze am Holzherd stand und im Milchtopf die weiße Süßspeise rührte. „Den Topf kratzte sie mit einem Gummischaber aus, damit ja nichts verlorenging."

Da freuten sich auch Cousine Johanna und Cousin Fritz – und der neue Pfarrer Ulrich. Alle saßen sie erwartungsvoll am langen Holztisch in der Küche, bis Tante Hilde endlich die himmlischen weißen Berge auf die Dessertteller schöpfte und aus dem braunen Milchkrug ihre sahnig-süße Karamellsoße darübergoss.

Zutaten

ZUTATEN MANDELSULZ

1 l Milch
1 Vanilleschote
45 g geschälte und gemahlene Mandeln
90 g Zucker
60 g Mehl
4 Eiweiß

ZUTATEN KARAMELLSOSSE

125 g Zucker
125 ml Wasser
500 ml Sahne
4 Eigelb

Zubereitung Mandelsulz

1. Die Milch mit dem ausgekratzten Mark der Vanilleschote zum Kochen bringen.
2. Die Eiweiße zu Eischnee schlagen.
3. Die gemahlenen Mandeln, den Zucker und das Mehl zu einem Teig verrühren.
4. Den Teig in die kochende Milch einrühren und aufkochen lassen, bis die Masse dick ist.
5. Den Eischnee in die puddingartige Masse unterheben.
6. Die Masse noch einmal aufkochen lassen.
7. Die fertige Mandelsulz in eine Schüssel gießen und erkalten lassen.

Zubereitung Karamellsoße

1. Den Zucker gleichmäßig und dünn in eine trockene, fettfreie Pfanne streuen.
2. Bei großer Hitze karamellisieren lassen.
3. Wenn der Zucker goldbraun ist, vorsichtig zunächst mit dem Wasser und dann mit der Sahne ablöschen. Damit sich keine Klumpen bilden, zunächst nicht umrühren, sondern die Pfanne auf der Herdplatte hin und her schieben. Der Zucker darf nicht zu braun werden, da sonst die Soße bitter wird.
4. Die Eigelbe unterrühren.
5. Die Soße in einer Schüssel erkalten lassen und zum Servieren in eine Sauciere oder ein Milchkännchen füllen.

Rosenkücherl aus Niederbayern

Früher war die süße Nascherei besonders beliebt, wenn plötzlich Besuch vor der Tür stand. Heute kennt sie kaum noch einer. Gabi Röhrl aus Weltenburg hat sie wiederentdeckt.

Gesucht: ein Schmied

Was war das für ein Aufwand! Als Gabi Röhrl in einem alten Kochbuch das Rosenkücherl wiederentdeckte, wollte sie sogleich eines dieser filigranen Eisen auftreiben, die man für dieses Rezept braucht. Früher war das einfach, da stellte es jeder Dorfschmied her – zwar nicht immer in der Form einer Rose, es gab sie beispielsweise auch als Schmetterling. Eine Zeitlang suchte Gabi nach einem Schmied, der ihr so ein Eisen macht. „Aber ich habe keinen gefunden." Nach langem Suchen fand sie schließlich eines im Laden eines Bauernhofmuseums. Später stellte sich heraus, dass auch die alte Lidl-Bäuerin im Dorf noch solche Eisen aufbewahrte – die waren quasi im Ruhestand.

Aus dem Kloster Weltenburg

Als Gabi Röhrl endlich am Herd stand und ihre ersten Kücherl ausbackte, war sie überrascht, wie einfach das war – und wie kunstvoll die Kücherl aussahen. Ein bisschen musste sie das Originalrezept nachbessern, denn: „Die Zutaten, die waren früher anders, im Geschmack intensiver."

Die Entdeckung des Rezepts verdankt sie übrigens dem malerischen Kloster Weltenburg. „Zwar war die Klosterküche immer recht einfach", sagt Gabi Röhrl, „aber durch das Interesse und die Bildung der Klostergemeinschaft hat sich über die Jahrhunderte ein enormer Fundus an einschlägiger Literatur erhalten: Rezepte aus der Region und internationale." Gabi Röhrl hat die Erlaubnis, sich in dieser großartigen Sammlung umzusehen.

Die Rosenkücherl gab es vermutlich in ganz Süddeutschland – und das schon lang. Bereits im 18. Jahrhundert, so ist überliefert, waren sie in allen Bevölkerungskreisen beliebt. Es war ein Rezept, das überall und immer willkommen war – und das bei spontanem Besuch auf die Schnelle auf den Tisch gezaubert werden konnte, eine knusprige, süße Nascherei.

Altes Eisen, neu belebt

„Heute", sagt Gabi Röhrl mit einem Hauch von Wehmut, „braucht es das ja nicht mehr. Da geht man schnell zu seinem Bäcker." Dennoch oder gerade deswegen: Gabi Röhrl empfängt ihre Gäste gern mit etwas, was ganz persönlich ist, unverwechselbar – eben mit Rosenkücherln. Die Kücherl sind ein Hingucker, sie schmecken nach mehr, und die Zubereitung ist einfach. Außerdem geht es schnell.

Einen Tipp hat Gabi Röhrl noch. Nach langer Suche hat sie endlich einen Fachmann gefunden, der die Eisen herstellt: Gerd Manz aus Creglingen. Seine Eisen sind natürlich rostfrei. Früher musste man sie zum Schutz vor Rost im kalten Schmalz stecken lassen.

Zutaten für ca. 10 Kücherl

300 g Weizenmehl
5 Eier
½ l Milch
2 EL Zucker
½ TL Salz
1 Pkg. Vanillezucker oder Puderzucker mit frischer Vanille aus der Schote
Pflanzenfett zum Ausbacken

Zubereitung

1. Zutaten zu einem glatten Teig rühren und in eine flache Schüssel geben, die etwas größer als das Roseneisen ist.
2. Topf mit dem Fett auf dem Herd erhitzen und das Roseneisen darin 5 Minuten vorheizen. Eisen zu zwei Dritteln in den Teig tauchen, sodass er das Eisen nicht ganz umschließt. Eisen nach 4 Sekunden aus dem Teig nehmen und ins heiße Fett tauchen.
3. Küchlein nach 10 Sekunden im Fett mit Kochlöffelstiel vorsichtig lockern, nach weiteren 5 Sekunden aus dem Topf nehmen.
4. Abtropfen lassen und Küchlein durch Rütteln des Eisens auf einem Küchentuch zum Abtropfen ablegen. Eisen ohne Teig 10 Sekunden ins Fett halten, abtropfen lassen und wieder in den Teig tauchen. Teig zwischendurch mit einem Schneebesen umrühren.
5. Die Rosenkücherl können frisch mit Puderzucker serviert werden oder einen Tag später mit Eis, frischen Früchten oder Kompott.

Oberpfälzer Apfelmaultaschen

Im Herbst schmecken die „Eapflmaldaschn" besonders gut, denn es gibt nicht nur knackige Äpfel für die Füllung, sondern auch frische Kartoffeln für den Teig.

Kochen mit viel Gefühl

„Die Oma kochte immer ganz viele Kartoffeln auf einmal, damit es sich auch gelohnt hat", erzählt Kerstin Ehemann. „Dabei pikste sie mit dem Zahnstocher rein, um zu schauen, ob sie schon fertig sind. Eine Uhr brauchte sie zum Kochen jedenfalls nicht." Tags darauf gab es dann oft Omas berühmte „Eapflmaldaschn" – Apfelmaultaschen aus frischen Oberpfälzer Kartoffeln und knackigen Äpfeln. Die schmeckten schon allein deshalb besonders gut, weil Kerstin sie in Omas Garten immer selbst mitpflückte. Kleine, säuerliche Kornäpfel waren es. Nur mit ihnen schmecken die Maultaschen so einzigartig, sagt Kerstin.

Oma prüft kritisch

Das Rezept für diese süße Mehlspeise hat Oma Anna – na klar – wiederum von ihrer Oma. Damals, als die Bauern arm waren und Fleisch selten war, ist man mit Mehlspeisen aufgewachsen.

Früher aß Kerstin bei ihrer Oma. Heute kommt die Oma oft auf Eapflmaldaschn zu ihrer Enkelin – als recht kritische Testesserin. „Passt scho'", erzählt Kerstin schmunzelnd, „ist das höchste Lob, das ich bekommen kann." Für ihre Eapflmaldaschn hat sie es immerhin schon einmal gehört. Der Bienenstich dagegen hat die Oma-Prüfung noch nicht bestanden – und das, obwohl Kerstin schon seit Jahren daran feilt: „Oma ist der Hefeteig immer zu fest."

Nächste Generation, bitte!

Dafür hat Kerstin eine Kochstelle, die ihre Oma nur noch von früher kennt: Sie kann die Apfelmaultaschen im echten Holzofen bereiten.

Kerstin ist Gästeführerin, unter anderem im Oberpfälzer Freilandmuseum in Nabburg. Dort im Kohlbeckhof kann sie nämlich auf dem Sparherd kochen. Das ist ein Herd, bei dem das Feuer in einem geschlossenen Fach unter der Herdplatte lodert. Eine Temperaturanzeige gibt es natürlich nicht. Macht aber nichts, sagt Kerstin: „Da mach in den Deckel auf und lang in die Reine, dann weiß ich, wann die Temperatur richtig ist."

Weil auch sie, wie Oma und Ururoma, ihr Wissen gern weitergibt, kocht sie im Museum auch mit Kindern. Und wer hätte es gedacht: Die kleinen Gäste lieben die fast vergessenen Eapflmaldaschn wie damals Kerstin.

Zutaten

FÜR DEN TEIG
5 mittelgroße mehlige Kartoffeln (am besten Sorte Agria)
280 g Mehl
2 Eier
Salz und Muskat nach Geschmack
1 Schuss Milch
120 g Butter

FÜR DIE FÜLLUNG
5 Kornäpfel (Kläräpfel)
120 g Zucker
nach Geschmack:
gehackte Nüsse, Zimt und Rosinen

Zubereitung

1. Die Kartoffeln am Vortag dämpfen, mit dem Zahnstocher prüfen, wann sie weich sind, danach mit der Schale kühl stellen.
2. Am nächsten Tag die Äpfel schälen und in gleich große Spalten teilen, anschließend den Zucker, eventuell die Nüsse, Rosinen und den Zimt daruntermengen.
3. Die Kartoffeln schälen und mit einer Kartoffelpresse pressen, Mehl, Eier und Gewürze dazugeben und zu einem rollbaren Kartoffelteig kneten, einen Schuss Milch zugeben.
4. Den Teig in 8 gleich große Stücke teilen und diese auf einem bemehlten Brett ausrollen (in etwa so groß wie ein Frühstücksteller).
5. Auf den Teig etwas zerlassene Butter geben, darüber in die Mitte länglich die Füllung aufbringen.
6. Den Teig von unten nach oben falten, die rechte und die linke Seite bis zur Mitte einklappen und zum Schluss die obere Teigklappe über die Masse ziehen, sodass er mindestens 2 cm überlappt. Die Öffnung zusammendrücken. Es sollte dabei ein 5 bis 6 cm großes Rechteck herauskommen.
7. In einer Reine (eine längliche Pfanne), die großzügig mit Butter ausgefettet ist, die 8 Maultaschen nebeneinandersetzen, noch etwas von der geschmolzenen Butter daraufgeben und in einem auf 200 °C Ober-/Unterhitze vorgeheizten Ofen 40 Minuten backen.

Chiemgauer Hagebuttensoufflé

„Hötscherbötsch mueß“, so steht's im barocken Kochbuch der Maria Euphrosina Khumperger aus dem Chiemgauer Fridolfing im Jahre 1735. Nachgekocht wird es zum feinen Soufflé mit leichter Rotwein-Note.

Rezepte aus dem Barock

Gastrosophie nennt sich die Wissenschaft über das Essen. Im Altgriechischen heißt gastro Brauch und sophia Weisheit. Simon Edlmayr entdeckte den Studienzweig zufällig. Der Geschichtsstudent besuchte ein Seminar der Gastrosophie: „Da bin ich nicht mehr losgekommen.“

Simon traf auf ein paar Studenten, denen es ähnlich erging. Gemeinsam übersetzten sie ein altes, ein ganz besonderes Kochbuch in unsere heutige moderne Sprache. Es stammt von der Wirtstochter und Bäckermeistersgattin Maria Euphrosina Khumperger aus dem Jahr 1735, einer einfachen Frau, die durchaus Sinn für feines Essen hatte. „Eine seltene Sammlung“, sagt Simon, „Kochbücher sind meist nur aus Klöstern, vom Adel oder aus gehobenen Kreisen erhalten.“ Marias Buch ist also ein kleiner kulinarischer Schatz mit Rezepten wie dem Hagebuttensoufflé.

Hötscherbötsch, bis heute

„Ein Hötscherbötsch mueß zu machen“, so schrieb es Maria Euphrosina Khumperger im Original. „Hötscherbötsch“ ist einer der vielen Dialektausdrücke für Hagebutten. Noch heute ist das im oberbayerischen Chiemgau die Bezeichnung für die Frucht der Rose. „Man schrieb eben genau so, wie man sprach“, erklärt Simon. Selbstverständlich kocht der Student die Rezepte auch nach. Bei der Zubereitung des Hagebuttensoufflés erlaubte er sich eine kleine Variation, er gab etwas Rotwein dazu.

Außerdem versetzte er den Eischnee nicht wie beschrieben mit dem Hagebuttenmus, sondern schichtete beides abwechselnd. „Das sieht netter aus“, sagt er.

... riehrs ein ganze stundt ab ...

... schrieb Maria im Buch. Freilich nahm Simon für den Eischnee ein elektrisches Rührgerät. Das Ergebnis überzeugte ihn: Das Mus schmeckt herb und dennoch süß und sehr frisch.

Sein Fazit: Im Barock kannten die einfachen Leute durchaus raffinierte Gerichte wie z. B. auch Maria Euphrosinas „Kälberne Birne“, eine aus Kalbfleisch geformte Birne mit Nelken und Zimt als Strunk. Das ist der Beweis dafür, dass man selbst im Handwerkermilieu ganz nach adeligem Vorbild versuchte, Gäste durch aufwendige Schaugerichte zu beeindrucken.

Übrigens: Das Wirtshaus von Marias Familie in Fridolfing, den „Unterwirt“, gibt es noch immer.

Zutaten für 6 Personen

250 g Hagebutten (frisch oder getrocknet)
250 ml Rotwein oder Wasser
80 g Kristallzucker
4 Eiweiß
150 g Puderzucker
Prise Salz

Zubereitung

1. Frische Hagebutten aufschneiden, mittleren Teil mit Kernen entnehmen, den Rest pürieren. Verwendet man getrocknete Hagebutten, so sollte man diese zuerst über Nacht in 250 ml Rotwein und 80 g Kristallzucker einweichen.
2. Die pürierten Hagebutten durch ein Sieb streichen und dabei bei Bedarf (wenn es zu schwer durchs Sieb geht) nach und nach Flüssigkeit, Wasser oder Rotwein zugeben.
3. Dann das Eiweiß mit einer Prise Salz und Puderzucker ganz steif schlagen.
4. Das Backrohr auf 200 °C vorheizen.
5. Abwechselnd eine Schicht Eischnee und Hagebuttenmus in eine gefettete Backform oder kleine Gläschen schichten.
6. Das Ganze für ca. 5 bis 10 Minuten ins Backrohr geben, bis es eine schöne Haube hat.
7. Herausnehmen und noch warm genießen.

B'soffener Kapuziner

*Der Wein und die Würze. Oder auch:
Wie eine Mehlspeise zu ihrem Ordensnamen kommt und
was das alles mit einem Cappuccino zu tun hat.*

Liesl, Hansl oder Triet ...

Der „B'soffene Kapuziner" ist ein Rezeptklassiker der österreichischen Mehlspeisküche. Ein Kuchen, der je nach Region und Jahreszeit wahlweise mit erwärmtem oder kühlem, jedenfalls gewürztem Wein oder Obstwein getränkt serviert wird.

Wie bei vielen Klassikern gibt es mehr als ein Original, und so ist der Ordensmann mancherorts auch als „Durstige Nonne", „B'soffener Hansl" (im burgenländischen Seewinkel) oder „B'soffene Liesl" (Steiermark) bekannt. Unser Rezept stammt aus Oberösterreich, daher wird Most verwendet. Der Kakao gibt dem Backwerk dabei die typische braune Farbe in Anlehnung an die Kapuzinerkutte.

Mit oder ohne Kopfbedeckung

Ein eng verwandtes Rezept ist auch vom steirischen Stift Admont überliefert, und zwar unter dem Namen „Admonter Triet". Der Begriff Triet geht dabei ursprünglich auf die mittelalterliche Kräutermischung einer Arznei zurück, später bezeichnete man damit auch ein Naschwerk: Zwiebackscheiben oder gebähte Semmelschnitten, die mit gesüßtem und mit Zimt gewürztem Saft oder Wein übergossen wurden. (Für Mutige: Zuweilen wird Triet auch als Beilage zum Schweinsbraten empfohlen.)

Der gestrenge Bettelorden der Kapuziner kommt immer wieder zu kulinarischen Ehren, selbst wenn man sich eigentlich der Armut und Entbehrung verpflichtet hatte. Einerseits waren es die medizinischen Ursprünge so manchen Rezepts (siehe Triet), andererseits oft auch einfach Farbe oder Optik, die den Ausschlag für den Namen eines Gerichts gaben. Einen „Kapuzinerstrudel" – einen süß gefüllten Germteig, der kapuzenartig übereinandergeschlagen wird – findet man ebenso in alten Kochbüchern wie „süßen Kapuzinerreis" – mit einer Kopfbedeckung aus Windmasse – oder als Fastengericht einen „Stockfisch nach Kapuziner-Art".

Des Kaisers Kapuziner

In traditionsbewussten Kaffeehäusern firmiert ein doppelter Mokka oder Espresso mit Schlagobershaube auch heute noch unter dem Namen „Kapuziner": Braun wie der Ordenshabit muss er sein und weiß wie der Strick, der den Mönchen als Gürtel dient. Während der Regentschaft Kaiser Franz Josephs soll der Kapuziner dann auch seinen Weg nach Italien gefunden haben. Im heißen Süden tauschte man das Obers gegen Milchschaum aus, und der Cappuccino – abgeleitet von der italienischen Bezeichnung des Ordens „Frati Minori Cappuccini" – war geboren.

Zutaten

5 Eier
150 g Feinkristallzucker
Salz, 3 cl Wasser, 1 EL Kakao
170 g glattes Mehl
60 g geriebene Nüsse
Butter und Mehl für die Form

ZUM ÜBERGIESSEN
Most oder Wein, Zimtrinde, unbehandelte Zitronenschalen, Zucker nach Geschmack; Schlagobers für die Garnitur

Zubereitung

1. Eier in Eidotter und Eiklar trennen.
2. Dotter mit Zucker, 1 Prise Salz und Wasser schaumig rühren, zum Schluss Kakao einmischen.
3. Eiklar zu Schnee schlagen, mit Mehl und Nüssen vorsichtig unter die Dottermasse heben.
4. Vier Förmchen oder eine Guglhupfform mit Butter ausstreichen und mit Mehl bestauben. Die Masse einfüllen und im vorgeheizten Rohr bei 165 °C ca. 35 Minuten backen.
5. Most oder Wein mit Zimtrinde, Zitronenschalen und Zucker je nach Geschmack kochen und entweder warm oder kalt drübergießen. Mit Schlagobers garnieren.

Tipp

Für eine alkoholfreie Variante kann man den Guss des Kapuziners auch mit Apfel- oder Traubensaft zubereiten.

Waldviertler Polsterzipf

Mit und ohne Marmelade, als Faschings-Mehlspeis oder als sommerliches Festgericht beim Heuschnitt: Die feinen Dreiecke aus Topfen- oder Mürbteig haben nicht nur lustige Namen, sondern auch eine lange und sehr gschmackige Geschichte.

Bis nach Südtirol

Eigentlich sind sie ja waschechte Wiener. Aber wie sich das für dieselben gehört, kommen die Vorfahren aus aller Herren Kronländer und Provinzen. Waldviertler sind vertreten, Oberösterreicher, manche wissen sogar von einer weitschichtigen Verwandtschaft in Südtirol zu berichten – immerhin gehört das Dreiecks-Gebäck mit dem ersten vergorenen Traubenmost zum traditionellen Törggelen-Buffet.

Polsterzipfe finden sich jedenfalls in vielen alten Kochbüchern – entweder aus Mürbteig und in Schmalz gebacken wie in der oberösterreichischen Traditionsküche oder wie im nördlichen Niederösterreich, wo schon immer Topfen in den Teig gemischt wurde.

Salzige Öhrln und leere Schifferln

Das Innenleben besteht meist aus Marmelade. *Weichselfleisch* oder *Ribiselsalse* heißt das im Kochbuchklassiker der Katharina Prato anno 1915. Und weiter: *„Der Teig soll nirgends zerrissen und, wo er geradelt wird, innen mit Ei bestrichen sein, da das Ausfließen der Salse das Schmalz schwarz macht."* Salse ist übrigens die damals gebräuchliche Bezeichnung für Fruchtpürees oder Marmeladen.

Vielfach wurde das Gebäck allerdings auch ungefüllt serviert – in der Gegend um Lunz am See kennt man es zum Beispiel als Mürbteig-Schifferln, wobei die stumpfen Ecken der rautenförmigen Teigstücke einfach aufgestellt und zur Mitte hin zusammengedrückt wurden, wodurch die Form an kleine Schiffchen erinnert. Und die gab's dann quasi als kulinarisches Dankeschön zur Erntezeit.

Auch Rezepte für sogenannte Hasenöhrln finden sich, diese Variante der Teig-Dreiecke wurde ebenfalls in Schmalz gebacken, und zwar entweder ungefüllt und süß zubereitet oder wie in der Obersteiermark aus salzigem Erdäpfelteig und mit einer Fülle aus Sauerkraut.

Das Geheimnis des Teiges

Der klassische Topfen-Butter-Teig des Polsterzipfs besteht aus der jeweils gleichen Menge Topfen, Butter und Mehl, eventuell kommen noch ein Eidotter und ein wenig Salz dazu. Wer's besonders luftig will, dem sei noch der Tipp von Gabi Schwab ans Herz gelegt, die – passend zur Geschichte der Polsterzipfe – aus Wien stammt und das Rezept von ihrer Waldviertler Großmutter aus Heidenreichstein übernommen hat: „Polsterzipfe gibt's bei uns jedes Jahr zum Geburtstag meiner Tochter", erzählt sie, „der Teig muss drei- bis viermal ausgewalkt und wieder zusammengeschlagen werden." Dadurch geht er beim Backen wie Blätterteig besonders schön auf.

Zutaten

250 g Mehl
250 g Topfen
250 g Butter
1 Eidotter
1 Prise Salz
Fülle: Ribiselmarmelade

Zubereitung

1. Aus den Zutaten einen festen Teig kneten und eine halbe Stunde rasten lassen.
2. Teig zu einem Rechteck ausrollen, von den Längsseiten her um je ein Drittel einschlagen, auswalken, nochmals auf drei Teile zusammenschlagen und eine halbe Stunde rasten lassen. Vorgang wiederholen und wieder eine halbe Stunde rasten lassen.
3. Auswalken, in gleichmäßige, etwa handbreite Rechtecke schneiden. Einen Klecks Ribiselmarmelade auf jedes Rechteck setzen und den Teig zu einem Dreieck zusammenklappen.
4. Mit versprudeltem Ei bestreichen und im heißen Rohr bei 160 °C ca. 12 Minuten auf Sicht backen, damit sie nicht zu dunkel werden.
5. Mit Staubzucker bestreut servieren.

Altwiener Baunzerln

Zuckerweiß und schokoladebraun, wie Tag und Nacht – so präsentiert sich eine einfache und typische Wiener Mehlspeis aus altbackenem Weißbrot.

Restlküche für das Bürgertum

Krapfen, Liwanzen oder Arme Ritter – nicht nur die alpinen Regionen Österreichs, sondern auch die Hauptstadt hat ihre Tradition an Schmalzgebackenem. In der Wiener Küche wandelte sich das ursprünglich deftige ländliche Essen an intensiven Arbeitstagen allerdings zur süßen Draufgabe in Form eines Desserts. Oder es wurde zur Kaffeejause serviert, die im Biedermeier bei den Bürgern der Stadt mindestens so beliebt war wie das Gabelfrühstück.

Dass dabei stets Reste verwertet wurden, war für Köchinnen Ehrensache: Übrig gebliebene Erdäpfel kamen in den Teig, altbackenes Weißbrot wurde zerbröselt oder gewürfelt.

Baunzerl & Viererzipfel

Auch die Altwiener Baunzerln, manchmal „Tag-und-Nacht-Semmeln" genannt, bestehen aus Semmeln vom Vortag. „Ich kenne das Gericht aus der Küche meiner Tante", erzählt Rosemarie Strobl. „Als ich als Mädchen vom Burgenland nach Wien gezogen bin, habe ich zuerst bei ihr gewohnt. Mein Onkel kam damals immer in der Mittagspause zum Essen heim. Und jeden Tag wurde aufgekocht, das war ganz selbstverständlich. Am Freitag gab's meistens Suppe und Mehlspeise, beispielsweise die Tag-und-Nacht-Semmeln."

Dazu wurden als Basis Baunzerln genommen. Diese Doppelsemmeln mit Einkerbung gehörten zu den zahlreichen Varietäten von Handgebäck, die Wiener Bäcker früher tagtäglich herstellten – und heute kaum noch. Fast vergessen sind Gebäckformen wie *Schienbeindln*, *Viererzipfel* oder *Schirrafferln*.

Die Baunzerln sind heute am ehesten mit Langsemmeln vergleichbar. (Im Wiener Dialekt hatte das Baunzerl übrigens auch eine frivole Bedeutung: Es beschrieb die weiblichen Geschlechtsteile.)

Dazu gab's Häferlkaffee

Bei der Zubereitung der „Tag-und-Nacht-Semmeln" werden die Weckerln zuerst in Milch eingeweicht – „aber ja nicht zu lange, sonst zerfallen sie" –, dann auseinandergebrochen und ausgehöhlt. Die beiden Hälften werden mit Marmelade gefüllt, paniert und herausgebacken. Die „Nacht" bekommt zum Schluss einen Überzug aus geraspelter Schokolade, der „Tag" wird in Vanillezucker gewälzt. Rosemarie Strobl: „Und dazu hat's Wiener Häferlkaffee mit viel Milch gegeben, zubereitet in der Karlsbader Kanne."

Zutaten

4 altbackene Langsemmeln
Milch zum Einweichen
Marillen- oder Himbeermarmelade zum Füllen
etwas Milch, mit 1 Ei verschlagen
Brösel zum Panieren
Butterschmalz zum Herausbacken
80 g Vanillezucker
80 g fein geriebene Schokolade

Zubereitung

1. Die Semmerln kurz in Milch einweichen, dann in der Mitte auseinanderbrechen. Die Krume – also das Innere – entfernen und in den Hohlraum 1 Löffel Marmelade füllen.
2. Jede Semmelhälfte zuerst durch das mit Milch verschlagene Ei ziehen und dann in den Böseln wälzen. In heißem Butterschmalz goldgelb herausbacken.
3. Jeweils einen Teil in Vanillezucker wälzen („Tag") und den anderen in der geriebenen Schokolade („Nacht").
4. Dazu wird ein Wiener Häferlkaffee getrunken.

Hausrucker Erdäpfelsteckal

Wenn die Oma Erdäpfel und Äpfel aus dem Keller holte, wussten die Kinder: Es ist wieder so weit! Heut' gibt es die süßen Nudeln mit Äpfeln – so, wie sie im oberösterreichischen Hausruckviertel seit eh und je auf den Tisch kommen.

Siegeszug der Eachban

Sie sind so etwas wie die Basiszutat der oberösterreichischen Küche: die Erdäpfel. Schon ab dem 17. Jahrhundert nahm man sich in den Gärten der Stifte und Klöster der damals neuen Feldfrucht an. Etwas später folgte ihr Siegeszug als bäuerliche Kulturpflanze. Bis heute ist sie im ganzen Land auch unter den Namen *Erdbirne* oder *Erdbohne* – sprich: Eachban – bekannt. „Erdäpfel gibt's bei uns so gut wie immer im Keller", erzählt Petra Mayr aus Bruck-Waasen im Hausruckviertel. Und der Erdäpfelteig gehörte vor allem jeden Freitag zur fleischlosen Kost. Ob salzig oder süß, als Knödel oder als Nudeln – so wie in nebenstehendem Rezept.

Petra Mayr lebt auf dem Bauernhof ihrer Eltern, auf dem seit Generationen Landwirtschaft betrieben wird. Heute werden hauptsächlich Schweine gezüchtet, selbstverständlich gibt es aber auch einen Gemüsegarten und jede Menge Apfelbäume rund ums Haus. Im Frühjahr zeigen sich diese hier in der Mostregion von ihrer schönsten Seite und tauchen die Gegend in ein Meer aus zarten Blüten.

Vom Mithelfen und Naschen

Wenn Petra Mayrs Oma seinerzeit Äpfel und Erdäpfel aus dem Keller geholt hat, dann war das für die Kinder ein Grund zur Freude. „Wir wussten sofort", erinnert sie sich, „es gibt heute unser Lieblingsgericht!" Das Schälen und Schneiden der Äpfel war dabei die Aufgabe der Kinder. Gemeinsam mit ihrer Schwester hat Petra Mayr damals eifrig in der Küche mitgeholfen – und dabei heimlich von den Äpfeln genascht. „Im Herbst, wenn es nach der Ernte besonders viele Äpfel gegeben hat, hat die Oma auch noch ein frisches Apfelmus zu den Steckaln gemacht", erzählt sie.

Die vererbte Liebe

Die Großmutter war in Petra Mayrs Kindheit daheim fürs Kochen zuständig. Die Liebe dazu hat sie an ihre Enkelin weitergegeben. „Ich koche gern die alten Rezepte aus den Kochbüchern meiner Vorfahren", sagt sie und erinnert sich, dass es die Erdäpfelsteckal sowohl salzig als auch süß gab. „Das Rezept weckt eine Menge Kindheitserinnerungen. Leider kommt es heute nicht mehr allzu oft auf den Tisch."

Sie selbst, gesteht die Petra, habe sich nämlich noch nicht drübergetraut. Nur ihre Mutter macht sie manchmal noch. Aber, ganz ehrlich: „So gut wie die Oma, so gut bringen wir's einfach nicht z'samm!"

Zutaten

200 g Mehl
500 g gekochte Erdäpfel
2 Eier
120 g zerlassene Butter
Salz, Nelkenpulver
4 Äpfel
2 EL Zucker
250 ml Obers

Zubereitung

1. Mehl auf eine Fläche sieben. Erdäpfel schälen und auf das Mehl pressen.
2. Mit Eiern, 40 g Butter, Salz und einer Prise Nelkenpulver rasch zu einem Teig verkneten. Zwei lange Rollen formen, kleine Stücke abstechen und zu daumengroßen Nudeln rollen. Backrohr auf 200 °C vorheizen.
3. Eine Ofenrein mit etwa 25 g zerlassener Butter ausfetten. die Steckal einschichten und im Ofen hellbraun backen. Äpfel feinblättrig schneiden und mit dem Zucker darüber verteilen.
4. Mit Obers und der restlichen Butter übergießen und goldbraun backen.

Gefüllte Butter

In Oberkärnten gibt es eine rar gewordene Spezialität, die vor allem in der Zeit vor Ostern hergestellt wird: Kletzenmehl und Mohn in einer butterweichen Hülle.

Kugel, Rolle oder Lämmchen

Es ist ein altes Familienrezept, das von Generation zu Generation überliefert wurde. Sieglinde Kohlmayer aus Radenthein im Gegendtal hat es von der Schwiegermutter übernommen, „wia i am Hof zuawekemman bin". Die Spezialität aus getrockneten Birnen, gemahlenen Nüssen sowie Mohn und gern auch einem Stamperl Schnaps wird nur zu besonderen Anlässen bereitet.

Hier, am Fuß der Kärntner Nockberge, hat die gefüllte Butter hauptsächlich kurz vor Ostern Saison, im nahen Maltatal wird sie schon ab dem Aschermittwoch zubereitet. Je nach Kunstfertigkeit der Köchin (oder auch je nach Anlass, denn die Speise wird bisweilen auch zu Hochzeiten oder bei einer Totenwache gereicht) wird die süße Kost zu einer Kugel gerollt, mit Ornamenten und Blumen verziert oder auch zu einem Lämmchen geformt.

Dazu gehört ein Reindling

Sieglinde Kohlmayer stellt eine Art Roulade her. Die Butter muss dafür erst einmal gut geknetet werden, damit sie geschmeidig wird. Dann wird sie auf eine glatte Unterlage gestrichen, mit der Fülle belegt und eingerollt. Serviert wird die traditionelle Kost mit Schwarzbrot oder Reindling. „Aber bitte keinen Reindling in der Guglhupfform", sagt Sieglinde. Das ist ihr ein großes Anliegen, denn die typische Kärntner Germteig-Spezialität muss im Reindl gebacken werden. Sie wird schneckenförmig in die Form gedreht und kommt damit ins Rohr. „Das war immer so üblich, und wir machen es bis heute so."

Ein Mehl aus Birnen

Die alten Rezepte für gefüllte Butter waren oft streng gehütete Familiengeheimnisse, die von der Mutter an die Tochter weitergegeben wurden.

Die Zutaten dafür gab es auf jedem Hof: Butter stellte man selbst her, auch Nüsse oder Mohn aus dem Garten gehörten zur Grundausstattung der Speisekammer. Die wichtigste Zutat ist aber ein spezielles Mehl aus gedörrten Birnen. „Bei uns heißt das Birntalggn und wird aus Kletzen, die besonders lange im Ofen getrocknet werden, gemacht." Früher nützte man dazu die Restwärme vom Brotbacken. Alternativ werden in manchen Rezepten auch weich gekochte und faschierte Kletzen verwendet, was allerdings zu einer ganz anderen Konsistenz der Fülle führt.

Zutaten für 1 Rolle

FÜR DIE FÜLLE
140 g gemahlener Mohn
80 g Birntalggn (fein gemahlene Kletzen)
80 g gemischte gemahlene Nüsse
100 g Staubzucker
2 Pkg. Vanillezucker
ca. 180 ml Flüssigkeit (abgekochtes Wasser, Birnenschnaps oder Rum)

500 g Butter
Alufolie und Frischhaltefolie
Schokostreusel zum Bestreuen

Zubereitung

1. Alle Zutaten für die Fülle vermischen und ca. 1 Stunde durchziehen lassen.
2. Arbeitsplatte oder Nudelbrett leicht befeuchten. Ein Stück Alufolie von 30 × 40 cm drauflegen und ebenfalls leicht befeuchten.
3. Butter mit der Hand gut durchkneten, damit sie geschmeidig wird. Anschließend auf die Alufolie legen und etwas flach drücken. Frischhaltefolie (ebenfalls ca. 30 × 40 cm) auf die Butter legen und die Butter mit einem Nudelwalker 5 mm dünn und möglichst rechteckig auswalken. Frischhaltefolie entfernen und die Butter mit der Mohnfülle bestreichen. Nun die Butter mithilfe der Alufolie eng zusammenrollen.
4. Die fertige Rolle mit einer Gabel verzieren und eventuell Schokostreusel darüberstreuen.

Innviertler Oarkas

An der unteren Pram in Oberösterreich wurde am Karsamstag traditionell ein ganz besonderer Pudding zubereitet. Und für die Kinder fiel dabei die süße „Stiermili“ ab.

Himmlische Molke

Wenn sich die Fastenzeit dem Ende zuneigte, warteten die Kinder im unteren Pramtal im Bezirk Schärding schon mit Ungeduld darauf, dass am Karsamstag bei der Zubereitung des traditionellen Oarkas (Eierkäse) etwas für sie übrig blieb. Die Mischung aus Eiern, Milch, Rosinen und Zucker musste in einem Sieb gut abtropfen, bevor sie endgültig in Form gebracht wurde. Dabei sammelte sich in einem tiefen Teller eine molkeartige Flüssigkeit, die „Stiermili“ – eine bei den Kindern heißbegehrte, erste süße Osterschleckerei.

Die Milch für den Oarkas wurde zuvor tagelang gesammelt. „Vom Antlasspfingsta – so hat man bei uns den Gründonnerstag genannt – bis zum Karsamstag“, erzählt Cornelia Schlosser aus Eggerding, die uns das Rezept geschickt hat.

Die Überbleibsel der Fastenzeit

Die vielen Eier im Rezept sind vermutlich so etwas wie ein Überbleibsel aus der Fastenzeit. Die strengen Fastenregeln besagten, dass nicht nur keinerlei tierische Fette und kein Fleisch verzehrt werden durften, sondern auch keine Eier. Entsprechend viele hatten sich also bis Ostern angesammelt und mussten verwertet werden.

Verspeist wurde Oarkas traditionell am Nachmittag des Ostersonntags, wenn Besuch da war. „Das ist bei uns bis heute so, jeder bekommt einen Löffel und nascht einfach mit“, erzählt Cornelia.

Ein Lämmchen in der Form

Für die Zubereitung des Oarkas wird die Milch mit den Eiern verschlagen, dann kommen Zucker und Rosinen dazu und die Masse wird vorsichtig erhitzt. Sie soll zwar stocken, darf aber keinesfalls anbrennen. Danach wird der Oarkas zum Abtropfen in ein Nudelsieb geleert und anschließend in eine ganz besondere Model gefüllt.

Diese irdene schüsselartige Form mit kleinen Füßen gibt es heute nur noch selten. Sie war zumeist mit einem Lamm verziert, im Boden hatte sie ein paar Löcher, damit auch die restliche Molke über Nacht abtropfen konnte. Zum Servieren stürzte man den Oarkas dann aus der Form auf einen Teller. Oarkas-Modeln sind heute rar geworden. „Die hat leider kaum mehr jemand, nur im Museum in Taufkirchen gibt’s noch eine“, weiß Cornelia Schlosser. So behilft man sich heute mit Formen, wie sie für Osterlamperln aus Biskuitteig verwendet werden. Als Augen gibt’s für das Lämmchen noch zwei Rosinen.

Noch ein Tipp: Falls die Eiermilch gar nicht stocken will, gibt man eine Spur Essig dazu.

Zutaten für 1 Figur

10 Eier
1 Prise Salz
ca. 2½ l Milch
Zucker nach Belieben
1 Handvoll Rosinen

☞ Tipp

Die Klammern der Biskuitform während des Rastens im Kühlschrank nicht völlig zudrücken, damit die Flüssigkeit besser abtropfen kann.

Zubereitung

1. Eier mit Salz, Milch und Zucker versprudeln und in einem Topf mit dickem Boden langsam erhitzen.
2. Dabei ständig und vorsichtig die am Boden stockenden Teile aufrühren. Vorsicht: Der Oarkas darf nicht anbrennen, soll aber trotzdem stocken.
3. Wenn die Masse als Ganzes ziemlich fest geworden ist, die Rosinen untermischen und alles in ein Nudelsieb gießen. Die auslaufende Flüssigkeit in einem Teller auffangen.
4. Danach die abgetropfte Masse in eine Form für ein Biskuitlamm füllen, auf einen Teller stellen, damit alle Flüssigkeit auslaufen kann, und über Nacht in den Kühlschrank geben.
5. Oarkas am nächsten Tag vorsichtig aus der Form lösen.

Steirische Schunknudel

Gefüllt, geschichtet und gebacken: Wenn im südoststeirischen Saßbachtal Hochzeit oder Primiz gefeiert wurde, war in der Küche kein Aufwand zu groß.

Erforschung einer alten Torte

Sie war fast in Vergessenheit geraten: die Schunknudel, „eine Art Torte", wie Hilde Raggam aus Mettersdorf bei Leibnitz sie nennt. Einst wurde sie zu feierlichen Anlässen wie Hochzeiten oder Primizen gebacken. „Meine Geschwister und ich konnten uns zwar als Erwachsene daran erinnern, aber keiner wusste mehr genau, wie sie gemacht wurde."

Hilde Raggam forschte nach und probierte: „Auch wenn ich damals noch ein Kind gewesen war, ist mir nach und nach alles eingefallen. Ich hatte ja als Kind auch viel Zeit mit meiner Mutter in der Küche verbracht." Mittlerweile hat sie das alte Rezept aus Palatschinken, Mürbteig und süßer Fülle sogar in einem kleinen Kochbuch veröffentlicht.

Omas beliebte Hochzeitsküche

Hilde Raggam ist im südoststeirischen Saßbachtal zu Hause. Ihre Großmutter Maria Paar war hier einst weithin als Hochzeits- und Primizköchin bekannt. „Sie wurde 1868 geboren und war Bäuerin in Zehensdorf. Wurde irgendwo in der Gegend ein Fest gefeiert, hat sie dort aufgekocht."

Eine Woche davor reiste Oma Maria mit dem Pferdewagen an und begann zu backen, dass der Ofen nur so rauchte: neben der Schunknudel auch Potitzen und Strauben, Strudel und Spagatkrapfen sowie 30 bis 40 Sorten Kekse und dazu ein Festessen – von der kräftigen Rindsuppe mit verschiedenen Einlagen bis zu Braten und Schnitzel. Hochzeiten oder Primizen wurden meist auf dem elterlichen Hof gefeiert, und 100 Gäste waren keine Seltenheit.

Heidelbeeren und Heckenklescher

Ein Höhepunkt an der Tafel war immer die Schunknudel, gefüllt mit allem, was es an Köstlichkeiten gab. Dazu gehörte natürlich das Beste aus dem im Winter angesetzten Rumtopf. „Die Mutter hat später auch gern in Schnaps eingelegte Heidelbeeren genommen." Und dazu gab's Kaffee, Kakao, Glühwein oder „Heckenklescher". So wurde der allerorts übliche Wein aus den hauseigenen und unveredelten Direktträger-Rebsorten genannt.

Ein- bis zweimal im Jahr buken Großmutter und Mutter die Schunknudel auch daheim, ohne hochprozentiges Obst. Dafür wurde nach dem Brotbacken die Restwärme des Ofens genützt. Für die Kinder war das ein Freudentag.

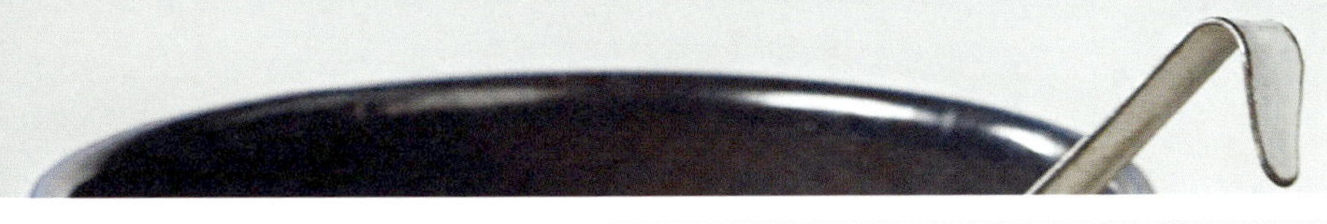

Zutaten für 10–12 Personen

FÜR DEN MÜRBTEIG
350 g glattes Mehl, 180 g Staubzucker, 1 Pkg. Vanillezucker, 1 Ei, 2 Dotter, 200 g Butter, 1 EL Rum

FÜR DIE PALATSCHINKEN
6 Eier, 20–25 EL Milch, 6 EL glattes Mehl, 1 Msp. Salz, 1 TL Staubzucker, Fett zum Herausbacken

FÜR DIE FÜLLE
200 g geriebene Kürbiskerne, 200 g geriebene Walnüsse, 150 g Staubzucker, 80–100 g Brösel, 100–150 g Rosinen, ca. 750 ml Obers, 65–125 ml guter Rum, gut abgetropfte Früchte aus dem Rumtopf, 1 Ei zum Bestreichen

Zubereitung

1. Aus den Zutaten einen Mürbteig kneten und 1 Stunde im Kühlschrank zugedeckt rasten lassen.
2. In der Zwischenzeit aus allen Zutaten einen Palatschinkenteig rühren, jeweils etwas Fett in der Pfanne erhitzen und mithilfe eines Schöpflöffels portionsweise 10–15 dünne Palatschinken hellgelb herausbacken.
3. Für die Fülle Kürbiskerne, Walnüsse, Staubzucker, Brösel und Rosinen vermischen.
4. Den Mürbteig in drei gleich große Stücke teilen und ausrollen. Zwei Böden in Größe der Tortenform ausschneiden. Den dritten Teil in Streifen schneiden, die 2 cm breiter sind als der Rand der Tortenform. Einen Boden in die Form legen, mit den Streifen den Rand auslegen, sodass sie 2 cm außen überhängen.
5. Die Fülle 1 cm hoch auf dem Teigboden verteilen, reichlich mit Obers und Rum beträufeln. Einige Rumfrüchte darauf verteilen und mit einer Palatschinke abdecken. Wieder mit der Fülle beginnend, diesen Vorgang so oft wiederholen, bis die Form gefüllt ist. Den überhängenden Teigrand hineinschlagen und den zweiten Boden darüberlegen.
6. Die Torte mit versprudeltem Ei bestreichen und im vorgeheizten Rohr bei 170–180 °C etwa 50 Minuten backen; bei vorzeitiger Bräune mit Backpapier abdecken.

Linzer Sonnwendkrapfen

Der Beginn der schönsten Zeit des Jahres wird gerne mit Süßspeisen gefeiert. In Oberösterreich begrüßt man den Sommer traditionell mit einer Spezialität aus weichem Rahmteig.

Feuer & Feiern

Gegen Ende Juni, da geht's rund. Da bietet der bäuerliche Festtagskalender gleich drei Möglichkeiten, den Sommer nach Herzenslust zu begrüßen und zu feiern. So gilt es, am 21. Juni den astronomischen Sommerbeginn zu begehen, am 24. Juni das Fest des heiligen Johannes und schließlich am 29. Juni noch den Namenstag von Petrus, dem Schutzpatron der Fischer, und von Paulus. Gemeinsam ist den verschiedenen Anlässen, dass zu Ehren der Feiertage große Freudenfeuer entzündet werden, vom Sonnwendfeuer über das Johannisfeuer bis hin zum „Peterlverbrennen" – einem uralten Brauch, bei dem eine Strohpuppe als Abwehrzauber gegen Dämonen und böse Mächte den Flammen übergeben wird.

Eine g'standene Bäckerin

In den Küchen haben dann die Festtagskrapfen Hochsaison. „Bei meiner Linzer Großmutter hat es zu Sommerbeginn jedes Jahr Sonnwendkrapfen gegeben", erzählt Einsenderin Judith Dürauer. „Sie war eine g'standene Bäckerin und Köchin. Vor allem zu Feiertagen wie Weihnachten, Ostern oder eben Sommerbeginn wurde traditionell was Feines gebacken." Judith Dürauer selbst lebt mittlerweile viele Jahre in Salzburg, die oberösterreichische Tradition ihrer Kindheit ist ihr aber noch gut in Erinnerung.

Sonnwendkrapfen werden ähnlich zubereitet wie *Schneeballen*, die man aus der Faschingszeit kennt: Ein weicher Rahmteig wird zu etwa handtellergroßen Flecken ausgewalkt und mithilfe eines Teigrads in Streifen geschnitten. Rundherum müssen die Streifen von einem Teigrahmen zusammengehalten werden, dann zieht man sie ein wenig durcheinander und fertig ist das „Sonnengeflecht", das in heißem Fett herausgebacken wird.

Neunerlei Krapfen

Wie bei vielen „Klassikern" ist das übrigens nicht die einzige Form, die für die Sonnwendkrapfen überliefert ist. Es gibt auch Varianten aus Germteig, etwa aus dem Ausseerland. Dort gehört noch ein Schuss Kirschwasser in den Teig, der dann rund ausgestochen wird. Beim Servieren kommt noch ein flüssiges Butter-Honig-Gemisch über die ganze Herrlichkeit.

Auch gebackene Mäuse wurden und werden zum Sommerbeginn in Oberösterreich gern zubereitet, ebenso wie Topfen- oder Butterkrapfen, Strauben oder Flecken. Denn, so heißt es hier: Zur Sonnenwende müssen „neunerlei" Krapfen gegessen werden.

Zutaten

150 g Weizenmehl
150 g Roggenmehl
150 g Topfen
125 ml Rahm
1 Eidotter
1 EL Apfelessig
1 Prise Salz
Öl zum Herausbacken

Zubereitung

1. Die Zutaten auf einem Brett rasch zu einem Teig verkneten. Er soll die Beschaffenheit eines weichen Nudelteigs haben. Das erreicht man durch die Zugabe von mehr oder weniger Rahm. Teig eine halbe Stunde kühl rasten lassen, dann so dünn wie möglich auswalken.
2. Quadrate von ca. 8 cm Seitenlänge ausschneiden. Jedes Quadrat in fingerbreite Streifen radeln, aber nicht ganz bis zum Rand durchschneiden.
3. Die Streifen durcheinanderziehen und die Krapfen in heißem Fett schwimmend herausbacken.

Montafoner Rahmmus

Wenn man im Juni in Vorarlberg auf die Alp ging, gab es dort jede Menge Arbeit. Und deshalb auch deftige Küche: Aus Milch, Rahm und Mehl wurde schon in der Früh ein „Muas" gekocht.

Zum Frühstück mit Kaffee

Milch, Rahm, Butter und natürlich auch Käse waren die Hauptnahrungsmittel, die es auf jeder Alm gab. Die Kühe lieferten den ganzen Sommer über die Basis, der Rest wurde Tag für Tag selbst gemacht.

Auch gekocht wurde vorzugsweise mit allem, was das Grundprodukt Milch möglich machte. Auf den Almen des Vorarlberger Montafon etwa bereitete man bereits zum Frühstück Rahmmus zu. Frische Milch wurde mit saurem oder süßem Rahm aufgekocht, dann kamen Mehl und etwas Salz hinein. Und dann hieß es rühren, bis daraus ein dickes Mus geworden war. Darüber streute man Zucker und Rosinen, dazu gab's Kaffee.

Immer ein bisserl anders

Die Zubereitung klingt simpel, doch in der Praxis braucht es jede Menge Übung. „Das helle Butterschmalz setzt sich nach einer halben Stunde ab, dann brutzelt das Mus im eigenen Fett", erzählt Sibylle Kleboth aus Bürserberg im Brandnertal. Ganz wichtig: „Ja nicht vom Herd weggehen, sonst brennt's sofort an." Sibylle Kleboth selbst bereitet das „Muas", wie man in Vorarlberg sagt, immer wieder gern daheim zu – allerdings meist in einer etwas schnelleren Variante ähnlich einem Grießschmarren.

„Es gibt verschiedene Rezepturen. Manche Bäuerinnen nehmen Grieß und Mehl, andere nur Mehl. Und ich habe auch schon gehört, dass man Knödelbrot und Ei dazugeben kann."

Nach der Bergmesse am Maisäß

Das Originalrezept stammt von Elsa Kleboth, der Großtante von Sibylles Mann Oliver. Er verbrachte als Bub viele Sommer mit Tante Elsa auf der Alp. Während der Ferien halfen die Kinder dort nämlich stets kräftig mit, ob im Stall oder bei der Heuernte.

Der Aufstieg der Erwachsenen zur Alp begann je nach Wetter bereits im Mai oder Juni. Da ging es zuerst auf den sogenannten Maisäß, eine Vor- oder Zwischenalpe. Hier stehen mehrere kleine Hütten auf einem Hochplateau beisammen, dazwischen liegt auch eine kleine Kapelle.

Dort verbrachten Mensch und Tier die ersten Sommerwochen, bis man im Juli und August auf die Hochalpe gehen konnte. Sibylle Kleboth: „In der Kapelle fand auch eine Bergmesse statt. Da kam die ganze Familie zusammen, und danach gab's Rahmmuas von der Großtante."

Zutaten

600 ml Schlagobers (Süßrahm)
Salz
100 g Grieß
80 g Mehl
Butter zum Braten
50 g Rosinen
Zucker zum Bestreuen

Zubereitung

1. Schlagobers mit einer Prise Salz aufkochen lassen.
2. Grieß mit Mehl trocken mischen und in die kochende Flüssigkeit einrühren. Vom Herd nehmen und zugedeckt ½ Stunde stehen lassen.
3. Etwas Butter in einer Bratpfanne leicht erhitzen, die Grießmasse in die Pfanne geben und leicht zerzupfen (wie einen Schmarren). Nach Belieben Rosinen dazugeben und langsam goldgelb backen.
4. Mit Zucker bestreut servieren.

Steirisches Schwarzbeerboggerl

Ein süßer Abstecher in die köstlichen Tiefen und sprachlichen Weiten der steirischen Bauernküche.

Ein Brauch mit vielen Namen

Das Schwarzbeerboggerl steht für eine ganze Gattung steirischer Mehlspeisen, die unter allerlei Namen firmieren. Boggerl ebenso wie *Boggal* oder *Bogal* kommt von Backerl. In der westlichen Steiermark wird diese Bezeichnung auf alles aus Teig angewendet, das beim Ausbacken aufgeht, also stark an Volumen gewinnt.

Diese Mehlspeisen werden aus einem glatten, sehr flüssigen Teig bereitet, der auf Weizen- oder Maismehl, feinem Grieß oder Heidenmehl (Buchweizen) basiert. Dazu mischt man Eier, Salz und Flüssigkeiten: süße oder saure Milch (macht den Teig luftiger), Biestmilch (Kolostrum, die Vormilch der Kühe), Mineralwasser oder auch frisches Schweineblut. Damit macht man „Bluttommerl", definitiv keine Süßigkeit und mit pikanten Beilagen wie Sauerkraut oder Salat besser verträglich.

Stubensterz & Türkentommerl

Und dann gibt es noch eine Art Germgugelhupf, ähnlich dem Kärntner Reindling, der mit Powidl oder gekochten Dörrfrüchten gefüllt wird. In der Gegend von Riegersburg heißt er „Stuben sterz", weil der Germteig in der Stube zum Aufgehen gebracht wird. Etwas weiter östlich nennt man ihn „Aufgehenden Sterz" und in der mittleren Oststeiermark „Gehender Nigl".

Für ein „Türkentommerl" wiederum verarbeitet man Maisgrieß, Milch, Salz und Zucker zu einem recht flüssigen Teig. Damit übergießt man gezuckerte, entsteinte und halbierte Zwetschken oder entkernte Apfelspalten in einer langen Strudelform. Dann wird das Ganze im Rohr gebacken.

Neun Schichten Teig

Sehr speziell ist der „Neunhäutige Nigl", für den neun Schichten aus Weizentommerlteig (Milch, Mehl, Eier, Salz) nacheinander herausgebacken und dann übereinandergestapelt werden. Zwischen die Schichten gibt man zerlassene Butter, bis eine Torte von etwa zehn Zentimeter Höhe entsteht.

Auch das „Weiche Ofentommerl" ist etwas für Spezialisten: Man nimmt dafür 250 Gramm Maismehl, 100 Gramm Fett nach Geschmack, einen halben Liter saure Milch, etwas Salz und ein Ei und rührt alles außer dem Fett zu einem dünnflüssigen Teig, gibt das Fett in eine Rein und gießt den Teig kleinfingerdick hinein. Dort sollte er außen resch und innen flaumig feucht werden: gewissermaßen das Omelette-Ideal und mit ein bisschen Fantasie die Basis für vielerlei Delikatessen – mit vorab untergemischten Grammeln, mit Schwarzbeeren oder auch mit vielen anderen köstlichen Beigaben.

Zutaten für 1 Boggerl mit ca. 26 cm Durchmesser

¼ l Milch
3 Eier
6 EL Mehl
1 Prise Salz
1 EL Schmalz
Schwarzbeeren nach Belieben
Zimt und Zucker zum Bestreuen

Zubereitung

1. Milch, Eier, Mehl und Salz versprudeln.
2. In einer Rein das Schmalz zerlassen und den Teig fingerdick einfüllen.
3. Schwarzbeeren darauf verteilen, mit Zucker und Zimt bestreuen und im Rohr bei 220 Grad 5 bis 10 Minuten, am besten aber auf Sicht goldbraun backen.

☞ Tipp

In anderen Teilen der Steiermark heißt das Boggerl auch Nigl oder – am weitesten verbreitet – Tommerl. So mancher Vollblutsteirer zählt es übrigens zu den Sterzen, das liegt an den weitgehend gleichen Zutaten.

Wildschönauer Schmalznudeln

In den Kitzbüheler Alpen wird dieses traditionelle Gericht auch heute gebacken. Den ganzen Sommer wird dieser köstliche Brauch auf den Almen der Region gepflegt, serviert werden die Nudeln mit Preiselbeeren, Apfelmus oder sogar mit Sauerkraut.

Beim Handwerksmarkt

Das Wildschönauer Bergbauernmuseum „z'Bach" ist weithin bekannt. Ein stolzer alter Hof ist es, mitsamt kleiner Kapelle, einer eigenen Mühle und einem Backofen. Hier fühlt sich Anna Mühlegger praktisch wie zu Hause, hier ist sie aufgewachsen. Gemeinsam mit ihren drei Geschwistern und einem Sohn ihrer Tante. „Der war wie unser großer Bruder", erinnert sie sich.

Und die Küche, die kennt Anna natürlich in- und auswendig. Bis heute kommt sie den ganzen Sommer über jeden Donnerstag hierher – zum „Schmalznudeln-Bachen" beim Handwerksmarkt.

Von Doggln & Nudeln

Einmal pro Woche kommen Handwerker in Wildschönau beim Markt zusammen. Ein Korbflechter ist dann zum Beispiel zu Gast, eine Stoffdruckerin oder ein Weber. Eine alte Bäuerin zeigt die Kunst des Filzpatschenmachens, der *Doggln*, wie sie in der Region seit Jahrhunderten getragen werden. Es wird gebacken, gefilzt, gesponnen, gedrechselt. In der Küche stehen dann die Franzi – sie ist die gute Seele des Museums, die seit dem ersten Tag mit dabei ist – und die Anna und machen Schmalznudeln.

Das Backen der traditionellen Krapfen hat Anna als Kind gelernt. Bereits während ihrer Schulzeit in einer achtklassigen Volksschule ist sie mit der Mutter in der Küche gestanden, um die herzhaften Nudeln, ein richtiges Almessen, zu machen. „Zehn Leut und nicht selten noch mehr waren bei uns zum Essen normal", erzählt sie, „Knecht, Mägde, Tagwerker und die ganze Familie."

Dass der Hof heute das Museum beherbergt, liegt genau genommen an den Kühen. Die mussten immer über die Straße wandern, um zu den Weideflächen zu gelangen. Als Annas Bruder den Hof übernahm und neu baute, beschloss er, gleich mit der gesamten Wirtschaft auf die andere Straßenseite zu übersiedeln. Der mehr als 200 Jahre alte Hof blieb aber zum Glück erhalten.

Deftig mit Rübenkraut

Schmalznudeln waren und sind ein Gericht der Bauernküche, das stets in großen Mengen gemacht werden kann. Gelernt hat es daheim die Tochter von der Mutter, und viele können es heute noch. Zu Weihnachten gibt es übrigens auch die „Weihnachtsnudeln" mit Rosinen im Teig, und ganz speziell in Wildschönau wird die deftige Variante statt mit Sauerkraut auch mit Rübenkraut serviert.

Zutaten für ca. 20 Stück

1 kg Mehl
1 Pkg. Germ (oder 2 Pkg. Trockengerm)
etwas Salz
einige Anissamen
2 Eidotter
500 ml lauwarme Milch, verdünnt mit
125 ml Wasser
Fett zum Backen
Preiselbeermarmelade
Staubzucker zum Bestreuen

Zubereitung

1. Alle Zutaten für den Teig gut mischen und mit einem Kochlöffel abschlagen. Es soll ein weicher Germteig entstehen. Den Teig etwa 30 Minuten gehen lassen.
2. Mit einem Löffel weckerlgroße Stücke vom Teig abstechen und mit einem Tuch bedeckt kurz rasten lassen. Dann mit der Hand etwas auseinanderziehen und zu Schmalznudeln formen.
3. Im heißen Fett herausbacken, dann die Vertiefung in der Mitte mit Preiselbeermarmelade füllen. Mit Staubzucker bestreut servieren.

Gamischdorfer Ruimfosn

Die viereckigen gefüllten Teigflecken gab's im Südburgenland passend zur Jahreszeit: im Frühjahr mit Kraut und Topfen gefüllt, im Spätsommer mit Wasserrüben und Mohn.

Äpfel, Kraut & Rüben

„Die Jungen", sagt Dorothea Marth aus Gamischdorf in der Gemeinde St. Michael im Südburgenland, „die kennen das oft gar nicht mehr." Das Wort *Fosn* nämlich. Die Bezeichnung steht laut Wörterbuch der burgenländischen Hianzn-Mundart für Mehlspeisen aus gefülltem Teig.

Ähnlich wie Golatschen wurden sie zu großen viereckigen Flecken geformt, mit Fülle belegt, zusammengeklappt und im heißen Rohr gebacken. Fosn waren eine beliebte Alltagskost, der Teig wurde sowohl süß als auch pikant gefüllt. Es gab je nach Saison Varianten mit Topfen oder Dörrzwetschken, mit dem ersten Frühkraut, das man mit etwas Speck anröstete, oder später im Jahr mit Apfelfüllung. Oder eben mit den Ruim, den Wasserrüben, die mit gemahlenem Mohn zu einer süßen Mischung verarbeitet wurden.

Erdäpfelteig im Morgengrauen

Die Hülle der Fosn bestand aus einem Erdäpfelteig, der meist schon in aller Herrgottsfrüh zubereitet wurde. „Meine Schwiegermutter ist im Sommer oft schon um vier Uhr früh aufgestanden und hat das Essen vorbereitet", erzählt Dorothea Marth. Tagsüber war die Familie dann zur schweren Arbeit auf den Feldern, und zu Mittag gab es die frisch gebackenen Ruimfosn. „Manchmal haben wir sie sogar schon zum Frühstück gegessen." Dazu trank man Kaffee oder ein Glas Milch. Und was von den Teigflecken übrig blieb, wurde am Abend kalt verspeist.

Am Anna-Tag wurde gesät

Die Rüben wurden in Gamischdorf allesamt am sogenannten Burgundl-Acker gepflanzt. Dorothea Marth: „Bei uns gab es weiße längliche und weißblaue rundliche." Sie waren eine klassische Zweitfrucht nach dem Getreideschnitt, wurden am 26. Juli, dem Anna-Tag, ausgesät und ab September geerntet. „Burgunder" nannte man jene Sorten, die vor allem für das Vieh am Hof angebaut wurden. Der Mohn wuchs auf dem *Dieban* daneben; so hieß der Feldstreifen, auf dem für den Eigenbedarf Gemüse, Salat oder auch Kräuter gezogen wurden.

„Ich hab auch einen ganz besonderen Mohn für die Ruimfosn verwendet", erinnert sich die gebürtige Obersteirerin Dorothea Marth, „einen rosa blühenden nämlich, den hat mir meine Mutter von daheim geschickt."

Zutaten für 4–6 Ruimfosn

FÜR DIE FÜLLE
3–4 Wasserrüben (Herbstrüben)
150 g Fett (Butter, Butterschmalz oder Schmalz)
100 g gemahlener Mohn
100 g Zucker
1 Prise Salz

FÜR DEN TEIG
250 g gekochte mehlige Erdäpfel
500 g Mehl
½ TL Salz
1 Ei
250 ml Sauerrahm

Außerdem:
2 EL Butter zum Bestreichen

Zubereitung

1. Für die Fülle die Wasserrüben schälen, fein reiben und etwa eine Stunde in kaltes Wasser einlegen. Dann mit der Hand fest ausdrücken.
2. Butter oder Schmalz in einer Pfanne zergehen lassen, die Rüben darin anschwitzen, bis sie glasig sind. Von der Hitze nehmen, Mohn, Zucker und eine Prise Salz unterheben und alles auskühlen lassen.
3. Für den Teig die gekochten Erdäpfel schälen, reiben und mit dem Mehl zu einem geschmeidigen Teig vermischen. Er darf keine Klumpen haben.
4. Salz, Ei und Sauerrahm untermischen. Das Ganze kneten, sodass ein leichter Teig entsteht. Wenn der Teig kleben bleibt, noch mit etwas Mehl stauben.
5. Auf ein Tuch legen und eine halbe Stunde rasten lassen. In 4–6 gleich große Teile teilen und mit dem Nudelwalker viereckig (ca. 20 × 20 cm) 5 mm dick ausrollen.
6. Den ausgerollten Teig mit etwas zerlassener Butter bestreichen, dann die Fülle auf den Vierecken verteilen; den Rand freilassen (man kann natürlich auch kleinere Golatschen machen). Die vier Ecken in die Mitte zusammenschlagen. Den Teig dabei etwas übereinanderschlagen wie bei Golatschen.
7. Die Vierecke vorsichtig auf ein mit Backtrennpapier ausgelegtes Blech legen und mit einer Gabel einstechen. Noch einmal mit zerlassener Butter bestreichen und bei 180 °C (Ober-/Unterhitze) backen, bis die Oberfläche schön goldgelb ist.

Waldviertler Mohnbuchteln

Flaumig und hell die Hülle, süß und dunkel die Fülle –
und zur Vollendung noch ein Löffel Brombeermarmelade.
Ach, wenn doch nur jeder Tag ein Wuchtel-Tag wäre!

Süße Fülle mit Klecks

Wenn auf dem Wasserschiff von Omas Küchenofen das Häferl mit dem Dampfl für den Germteig stand, war es wieder so weit: Es gab Mohnbuchteln. „Oder Wuchteln, wie man bei uns sagt", erzählt Claudia Rabl aus Großheinrichschlag im niederösterreichischen Waldviertel. „Meine Großmutter war eine ausgezeichnete Köchin, der Germteig gelang ihr immer luftig und leicht. Und sie liebte Mohn."

Deshalb füllte Oma Stefanie nicht nur die Strudel, sondern auch die Wuchteln mit Mohn. Für die Fülle wurden die Samen von Grau-, Blau- oder Weißmohn in einer Pfanne angewärmt, getrocknet, gequetscht und mit einem Klecks Brombeermarmelade oder Powidl vermischt.

Vom Mohnnabel zur Mühle

Mohn spielte im Waldviertel immer eine wichtige Rolle im bäuerlichen Alltag. Zusammen mit Zucker war er ein unverzichtbarer Energielieferant bei der schweren, körperlichen Arbeit. Und ein süßes Vergnügen für die Jüngeren, die dafür bei der Verarbeitung mithelfen mussten.

„Früher haben die größeren Kinder den Mohn im Mohnnabel, einer hölzernen Form mit einem pflockartigen Stößel, zerstoßen", sagt Claudia Rabl. „Zu meiner Zeit war dann aber schon eine Mohnmühle im Einsatz." Die wurde wie ein Fleischwolf an der Tischplatte befestigt, und los ging's mit dem „Runterdrehen". „Bis heute mach ich das noch mit derselben Mühle. Der Mohn bekommt eine fast ölige Konsistenz und entfaltet sein ganzes Aroma."

Der Schatz im Leinensackerl

Anbau, Pflege und Ernte des Mohns waren meist Frauensache. „Meine Oma, meine Mutter und meine beiden Tanten teilten sich die Arbeit", erzählt Claudia Rabl. „Die Großmutter hatte sogar ein eigenes Mohnheindl nur für den Mohnacker." Damit wurde die Erde gelockert, um das Unkraut per Hand herausziehen zu können.

War der Mohn im Spätsommer reif, wurde händisch geerntet. Im Hof saßen dann die Frauen beisammen, schnitten Kapseln auf, säuberten Samen und bewahrten sie in einem Leinensackerl auf. Bis zum nächsten Wuchtel-Tag.

Zutaten für ca. 4–6 Personen

20 g Germ
50 g Zucker
400 g Mehl
250 ml lauwarme Milch
2 Eidotter, 1 Prise Salz, 50 g Butter

FÜR DIE FÜLLE
200 g gemahlener Mohn
50 g Zucker oder Honig
30 g Butter, 2 EL Rum
1 Prise gemahlener Zimt
190 ml Milch
1–2 EL Brombeermarmelade oder Powidl

etwas Butter, Staubzucker

Zubereitung

1. Germ mit etwas vom Zucker und vom Mehl sowie einem Schuss der lauwarmen Milch zu einem Dampfl mischen. An einem warmen Ort ca. 20–30 Minuten gehen lassen, bis sich die Größe des Dampfls verdoppelt hat.
2. Das Dampfl mit dem restlichen Mehl, der Milch, den Eidottern, Salz, Zucker und der zimmerwarmen Butter zu mittelfestem Teig kneten. Zu einer Kugel formen, in eine Schüssel legen, mit einem Tuch abdecken und an einem warmen Ort nochmals gehen lassen.
3. Für die Fülle alle Zutaten – außer der Marmelade – mischen und in einem Topf aufkochen. Abkühlen lassen und die Marmelade unterrühren.
4. Das Backrohr auf 190 °C vorheizen.
5. Den Teig nicht zu dünn auswalken, in Vierecke von ca. 6 x 6 cm schneiden oder Kreise von ca. 8 cm Durchmesser ausstechen. In die Mitte jedes Teigstücks einen Klecks Fülle geben, die Teigenden nach oben zusammenschlagen und gut festdrücken.
6. In einer Pfanne noch etwas Butter zerlassen, die Buchteln darin wälzen und mit der Nahtstelle nach unten eng nebeneinander in eine Auflaufform schlichten. Nochmals 30 Minuten gehen lassen und bei 190 °C 30–40 Minuten backen. Zuletzt mit Staubzucker bestreuen.

Gasteiner Vinzenzi-Torte

Zu ganz besonderen Anlässen kam bei Familie Kalcher in Jadersdorf im Kärntner Gitschtal eine ganz besondere Torte auf den Tisch. Gebacken wurde sie nach einem alten Rezept aus Bad Gastein.

Aus der Küchenlade

Aufgekocht wurde in der Familie Kalcher fast rund um die Uhr: Acht Kinder waren zu versorgen, dazu noch die Mitarbeiter der kleinen Kardätscherei – eines Betriebs, der die Schafwolle spinnfertig aufbereitete – und natürlich die Erwachsenen der Familie. In der Küchenlade des Hauses in Jadersdorf bei Hermagor lag stets griffbereit ein besonderes Werk: das Buch der *Mater Johanna*, auch als Grazer Kochbuch bekannt. Darin wurden auch jene besonderen Rezepte eingelegt, die eine Hausfrau mit der Zeit sammelte – feinsäuberlich per Hand auf ein Blatt Papier geschrieben und exakt mit Datum und Titel versehen.

„Da habe ich das Rezept der Vinzenzi-Torte gefunden“, sagt Jolanta Pichler. Sie lebt mit ihrer Familie in Graz, das Kochbuch der Schwiegermutter hütet sie wie einen Schatz.

Von der Schwiegermutter

„Ich habe mit meinem Mann jahrelang bei seiner Mutter gewohnt und viel mit ihr gekocht“, erzählt sie. Das Haus war stets belebt, Arbeit gab es jede Menge: Die zweimal verwitwete Schwiegermutter führte einerseits die Kardätscherei, andererseits war es selbstverständlich, die Familie zu bekochen.

Nebenbei gab es noch die kleine Landwirtschaft. Obst und Gemüse wuchsen im Bauerngarten, es gab Schweine und Hühner, einmal im Jahr wurde geschlachtet. Für den Winter wurde auch das Fleisch eingekocht und in selbst verlöteten Vorratsdosen gelagert.

Zu fein für jedes Wochenende

Jeden Samstag wurde gebacken, meistens der klassische Kärntner Reindling. Zu besonderen Anlässen gab es eine Vinzenzi-Torte. „Das geschah nur selten. Ich glaube, sie war zu fein für jedes Wochenende“, sagt Jolanta.

Woher der Name des Gebäcks stammt, lässt sich nicht genau feststellen. Gegeben hat ihr das Rezept jedenfalls ein Hausgast aus Salzburg. Denn über den Sommer wurden Zimmer vermietet, meistens an treue Stammgäste aus Deutschland, Oberösterreich oder Salzburg. Gut leserlich vermerkt trägt das handschriftliche Rezept folgendes Datum: Bad Gastein, 24. 7. 1948.

Möglicherweise handelte es sich um eine Torte zu Ehren des heiligen Vinzenz von Paul (1581–1660). Er gilt als Patron der Nächstenliebe und der karitativen Vereinigungen. Sein Todestag wird am 27. September begangen. Nicht weit von Bad Gastein, in Schwarzach im Pongau, steht auch seit dem 19. Jahrhundert das St.-Vinzenz-Heim.

Zutaten für 1 Torte

50 g Butter
100 g Zucker
1 Ei
1 EL Honig
½ l Speisenatron
250 g Mehl
Marmelade für die Fülle

Zubereitung

1. Butter, Zucker, Ei und Honig im Wasserbad cremig aufschlagen, bis die Masse aufkocht. Natron zugeben und nochmals aufkochen.
2. Überkühlen lassen und mit dem Mehl auf einem Brett zu einem festen Teig kneten. (Sollte der Teig zu fest werden, kann man noch etwas Milch zugeben, aber nicht zu viel!)
3. Den Teig zu einer Rolle formen, in 4 bis 5 Stücke teilen und aus jedem Teil ein Teigblatt rollen.
4. Im vorgeheizten Backrohr bei etwa 200 °C rasch backen und auskühlen lassen. Tortenblätter mit Marmelade bestreichen und wieder zusammensetzen.

Dornbirner Schnitzkuchen

Süß und ein bisschen nach Weihnachten: So schmeckt der Kuchen aus „dörrte Bira" und „Türggamehl", zwei traditionellen Vorarlberger Zutaten.

Der Schnitz als Schuljause

Beginnen wir mit den Birnen. Die gehörten in Vorarlberg einst zu jedem Hof. „Obst war wichtig für die Vorratshaltung", erzählt Richard Dietrich, Landwirt und Obstbaumzüchter aus dem Lauteracher Unterdorf. „Die einzelnen Birnen- und Apfelsorten hat man jeweils nach ihren Eigenschaften zum Dörren, für die Most- und Essigherstellung und natürlich zum Schnapsbrennen verwendet."

Zum Trocknen nahm man vor allem *Töaglar*: Birnen, die im Lauf der Reifung „von innen heraus leicht bräunlich und teigig geworden sind". Dabei baut sich Gerbsäure ab, und die herben Früchte werden wunderbar süß. Richard Dietrich: „In Viertel geschnitten und gedörrt, waren sie sehr beliebt bei Kindern, die früher gern eine Handvoll Schnitz, wie wir zu den Kletzen auch sagen, als Schuljause mitbekommen haben."

Der Riebel hängt im Stadel

Grundnahrungsmittel Nummer zwei im Vorarlberger Rheintal war der Mais oder *Riebel*. In jedem Hausgarten wurden die Kolben im Spätherbst geerntet und unter dem Vordach des Hofes oder im Stadel zum Trocknen aufgehängt. Noch heute werden dafür die Blätter um den Kolben kopfüber zusammengebunden, um eine Art Henkel zu formen. So vor Mäusen sicher, wird der Riebel dann bei Bedarf abgenommen und zu „Türggamehl" vermahlen. „Das kommt wohl daher, dass man dachte, den Mais hätten die Türken nach Vorarlberg gebracht", sagt Richard Dietrich.

Gemahlen wurde händisch daheim oder in einer der vielen Mühlen, die es früher noch gab. Das Hinbringen war Aufgabe der Kinder, die dann mit dem Handwagen loszogen.

Schnitzkuchen in Kurrent

Das Rezept für den Schnitzkuchen hat Richard Dietrich in einer Zeitschrift entdeckt, die ein historisches Rezept veröffentlicht hatte. Abgebildet war dort ein Dokument in zittriger Kurrentschrift aus dem Dornbirner Gasthaus zum Adler. „Mir gefällt's, vor allem weil da drin diese beiden typischen Vorarlberger Überlebensmittel vorkommen: Kletzen oder dörrte Bira und Türggamehl."

Nachgekocht wird der Dornbirner Schnitzkuchen zuweilen immer noch – und zwar beim gemütlichen Zusammensein nach Richard Dietrichs Vorträgen über die Rettung alter regionaler Obst- und Maissorten.

Zutaten für 1 Kuchen

je 20 Stück Birnen- und Apfelschnitz (geschnittene Birnenkletzen und getrocknete Apfelringe)
je 300 g Riebelmais und Weizenmehl
1 Pkg. Backpulver
8 grob gehackte Walnüsse
100 g Zucker
1 TL Zimtpulver
½ TL Nelkenpulver
Fett für die Backform

Zubereitung

1. Birnen- und Apfelschnitz in einem Topf gut mit Wasser bedecken, aufkochen und etwas köcheln lassen. Von der Hitze nehmen und in der Flüssigkeit ziehen lassen.
2. Maisgrieß, Mehl und Backpulver vermischen, mit den restlichen Zutaten zur „Schnitzbrüh" geben und alles gut vermengen. Der Teig soll nicht zu trocken sein.
3. Das Backrohr auf 180 °C vorheizen. Eine Tortenform ausfetten und mit Maisgrieß ausstäuben, den Teig einfüllen und ca. 45–50 Minuten backen.

Tipp

Zum Schnitzkuchen passt ein nicht zu starker Häferlkaffee. Traditionell wurde der aus einer Mischung aus Bohnen- und Malzkaffee gebrüht.

Gailtaler Kletzennudeln

Wenn die späten Birnensorten reif sind, ist die Zeit der Kletzen gekommen. In Kärnten entsteht aus den getrockneten Früchten eine Nachspeise, die weihnachtlich nach Zimt und Honig duftet.

Kleine Früchte sind am besten

Wenn sie stundenlang im Topf vor sich hin köcheln, ist die Küche erfüllt von den Düften des herbstlichen Obstgartens. Es riecht nach reifen Birnen, und zwar nach diesen kleinen, harten, dafür aber umso aromatischeren Früchten, die heute leider allzu oft unter dem Baum liegen gelassen werden. Holzbirnen, Hirschbirnen oder Mostbirnen sind die Basis für eine der beliebtesten Mehlspeisen der Kärntner Küche – die Kletzennudeln, eine süße Variante der Kasnudeln. Nur wenige Zutaten verbinden sich dabei zu einem winterlichen Hochgenuss: trockener Bröseltopfen, Zimt, Gewürznelke, Honig und braune Butter. Dazu wird gerne auch Apfel- oder Birnenmus gegessen.

Speitel, Hutzeln, Anklöckeln

Das Dörren von Früchten war schon im alten Rom bekannt. Im Mittelalter wurden die Früchte in der Sonne getrocknet; es gab auch ein Brot namens *Piratura*, in dessen Teig Trockenfrüchte gemischt wurden. Das Wort „Kletzen" stammt von *kloezen*, dem mittelhochdeutschen Wort für spalten; die getrockneten halben Birnen werden deshalb mancherorts auch als *Speitel* bezeichnet. Wegen ihrer runzeligen Erscheinung oft auch *Hutzeln* genannt, spielen sie eine wichtige Rolle im regionalen Brauchtum von Süddeutschland bis Slowenien. Kletzenbrot ist eine traditionelle Weihnachtsspeise und wird an bestimmten Tagen wie Andreas (30. November) oder Thomas (21. Dezember) gebacken. Beim *Anklöckeln* oder *Kletzein* ging man früher in Lumpen von Haus zu Haus und bat um Kletzen, im Salzburgischen etwa mit dem Spruch *„Kletz, Kletz, klopf ma an, hamma z'rissne Hosn an, geht der Wind aus und ein, Bäurin, schütt ma an Kübl voll Kletzn ein"*.

Wo Kletzen im Winter lagern

Für ihre Kletzennudeln verwendet die Gailtaler Köchin Sissy Sonnleitner am liebsten Hirschbirnen. Diese schmecken nach dem Weichkochen am besten. „Trockenfrüchte", erzählt sie, „waren früher in entlegenen Regionen eine der wenigen Quellen für Zucker und Vitamine im Winter und wurden reichlich eingelagert." Manchmal mit ungeahnten Folgen.

Im abgeschiedenen Lesachtal mit seinen harten Wintern war es üblich, Särge auf den Dachboden zu stellen, falls jemand starb und wegen des gefrorenen Bodens nicht beerdigt werden konnte. In den Särgen wurden aber auch die Kletzen gelagert, um sie vor Schädlingen zu schützen. Sissy Sonnleitner: „Und so ist es halt einmal passiert, dass die Kletzen begraben wurden und die Oma auf dem Dachboden blieb."

Zutaten

300 g Mehl, 1 Ei, Salz
200 ml lauwarmes Wasser
300 g Kletzen (gedörrte Birnen)
300 g trockener Topfen
3 EL Honig, 60 g Staubzucker
½ TL Zimt, 1 Msp. Nelkenpulver
Garnitur: braune Butter, Zimt und Staubzucker

Zubereitung

1. Aus Mehl, Ei, Salz und Wasser den Nudelteig kneten und 1 Stunde rasten lassen.
2. Kletzen über Nacht kalt einweichen, dann im Einweichwasser weich kochen.
3. Stiele und Gehäuse entfernen und faschieren. Mit Topfen, Staubzucker, Zimt, Honig und Nelkenpulver verkneten.
4. Aus der Masse mittelgroße Kugeln formen. Teig ausrollen und die Kugeln etwa 5 cm vom Rand in einer Reihe auflegen. Teig so darüberschlagen, dass man ihn rund um die Kugel zusammendrücken kann. Mit dem Teigrad halbkreisförmig ausradeln, Rand festdrücken oder nach Kärntner Art krendeln.
5. In einem Topf mit Salzwasser je nach Größe 5 bis 10 Minuten kochen. Auf dem Teller mit brauner Butter beträufeln und mit Zimt und Staubzucker bestreuen.

Alpbacher Steffas Nidai

Wenn am zweiten Weihnachtsfeiertag die Verwandten zu Besuch kamen, dann wurden im Tiroler Unterinntal süße Fleckerln mit Honig aufgetischt.

Honig für den Feiertag
Es ist eines jener Gerichte, die fast völlig in Vergessenheit geraten sind. Nur wenn man in alten Rezeptsammlungen oder Kochbüchern blättert, findet man sie noch: die „Alpbacher Stephanstag-Nudeln", wie man sie wohl auf Hochdeutsch bezeichnen würde. Kleine Fleckerln aus Erdäpfelteig waren's in der Hauptsache, die noch mit einer besonderen Mischung aus Milch und Honig oder Zucker, dem süßen *Hunchleck*, übergossen wurden.

Die Steffas Nidai wurden am Stefanitag zubereitet und mit der Familie verspeist. Auch wer in einen anderen Ort gezogen war, z. B. nach einer Heirat, kam am 26. Dezember heim ins Elternhaus, wo zusammen gegessen und getrunken wurde.

Nach Lust, Laune & Speisekammer
„Ich hab bei uns im Ort nachgefragt und verschiedene Varianten von Steffas Nidai gefunden", erzählt Servus-Leserin Anna Moser aus Alpbach. Wie bei vielen alten Rezepten gibt es hauptsächlich mündliche Überlieferungen – und die konnten je nach Vorräten, Lust und Laune variieren. Man nahm, was da war: Schmalz oder Butter Honig oder Zucker. „Unsere weit über 90-jährige Nachbarin, die Maria Klingler, ist eine der wenigen, die s' noch aus eigener Erfahrung kennen. Und ihr Rezept heißt: Was ich g'habt hab, des hab i reintan."

Die Basis bildete meistens ein *Easchtepfö*-Teig – so heißen die Erdäpfel auf gut Tirolerisch. Der wurde entweder zu einer Rolle geformt, von der man kleine Stücke abzwickte. Oder man rollte den Teig mit dem Nudelholz dünn aus und radelte ihn in kleine Fleckerln. Die Nidai wurden dann in heißem Fett geröstet und mit der süßen Honigmischung übergossen.

Dazu passt auch Figgen-Kompott
Auf die Suche nach alten Rezepten hat sich Anna Moser auch im Zuge einer Recherche für ein besonderes Kochbuch begeben, das den Titel *Brauchtum und Kostbarkeiten* trägt. Zahlreiche Bäuerinnen des Bezirks Kufstein haben dafür traditionelle Küchenschätze der Gegend zusammengetragen. Und da kam so einiges zum Vorschein, etwa auch ein sogenanntes Figgen-Kompott aus gedörrten Apfelspalten und Zitronenschale. „Das schmeckt ganz ausgezeichnet – und passt sicher bestens zu den Steffas Nidai", sagt Anna Moser.

Zutaten

FÜR DEN TEIG
750 g Erdäpfel
250 g griffiges Mehl
1 Ei, Salz
etwas gemahlene Muskatnuss
Butterschmalz zum Rösten

FÜR DEN HUNCHLECK (HONIGLECK)
20 g Mehl
2 EL Butter
Milch, Honig und Zimt nach Belieben

Zubereitung

1. Die Erdäpfel schälen, weich kochen und durch die Presse drücken. Mit Mehl, Ei, Salz und etwas Muskatnuss rasch zu einem Teig verkneten.
2. Den Teig auswalken und in etwa 2 × 2 cm große Quadrate radeln.
3. In einer Pfanne in heißem Butterschmalz rösten.
4. Für den Hunchleck Mehl in heißer Butter anlaufen lassen, mit etwas Milch aufgießen, kurz aufkochen, mit Honig süßen und etwas Zimt drüberstreuen.
5. Die Fleckerln in eine Kasserolle geben und mit dem Honigleck übergießen.

☞ Tipp

Zu den Steffas Nidai passt Apfel- oder Zwetschken-Kompott gut. Den Winter über wurde das früher aus eingeweichten Trockenfrüchten hergestellt.

Für die Vorratskammer

Reiche Ernte: So lässt sich der Geschmack des Sommers in Rex-Glas und Bügelflasche bewahren

Johanninüsse aus dem Bayerwald

Eingelegte Walnüsse kannte Helga Rohmann aus dem Keller ihrer Oma. Es sollten viele Jahre vergehen, bevor sie das Rezept wiederentdeckte und die „Schwarzen Nüsse" selbst probierte.

Ernte vor Johanni

Wer gute Johanninüsse machen will, muss genau aufs Datum achten. Warum? „Ganz einfach, weil die Walnüsse vor dem Tag des heiligen Johannes geerntet werden", sagt Helga Rohmann aus Freyung. Und das ist der 24. Juni. „Nur dann sind Schale und Kern noch weich", erklärt die Niederbayerin. Und was passiert, wenn man die Nüsse zu spät erntet? Helga Rohmann: „Dann ist die Schale schon viel zu hart, und die eingelegten Nüsse schmecken nicht mehr." Noch einen Tipp hat sie: „Achten Sie darauf, dass die Nüsse so wenig Schäden wie möglich haben. Das sieht nicht schön aus und wäre auch schade, weil in der Zubereitung der Johanninüsse doch ordentlich Arbeit steckt."

Ganz viel Zeit

Und so verwandelt Helga Rohmann die unreifen Früchte in „Schwarze Nüsse", wie das Gericht auch genannt wird: ernten, waschen, siebenmal in frisches Wasser einlegen, Sirup dreimal aufkochen, abfüllen und warten. Das alles muss sein, damit das Wasser den Nüssen die Bitterkeit nimmt. Um die süßlichen, leicht knackigen Nüsse genießen zu können, braucht es Geduld und Fingerspitzengefühl.

„Das erste Mal habe ich die Johanninüsse bei meiner Oma gesehen", erzählt Helga. Sie standen in einem Glas im dunklen Keller gleich neben den in Kalk eingelegten Eiern. „Deswegen haben die Nüsse für mich ausg'schaut wie verdorbene Zwerghendleier. Mit denen wollte ich nichts zu tun haben."

Erst Jahrzehnte später entdeckte Helga für das Schmankerl ein Rezept in einem Regensburger Kochbuch von 1880. „Welsche Nüsse" heißen sie dort. Ein Anzeichen für ihre Herkunft, meint Helga. Mit „Welsch" hat man früher romanische Völker bezeichnet, etwa Franzosen und Italiener.

Weise und fruchtbar

Helga plünderte sofort den Walnussbaum ihrer Nachbarin und legte los. Seitdem legt sie jedes Jahr die unreifen Walnüsse ein und interessiert sich auch für alles rund um die Geschichte des Walnussbaumes. So hat Helga beispielsweise auch herausgefunden, dass unsere Vorfahren dem Baum überirdische Weisheit zuschrieben und die Walnuss von den Griechen als Frucht der Götter betrachtet wurde. Zudem galten die Nüsse einst als Fruchtbarkeitssymbol.

Es war Brauch, einen vollen Korb mit Nüssen in das Schlafzimmer eines frisch vermählten Brautpaars zu kippen.

Zutaten für 2 Gläser à ca. 300 ml

500 g grüne Walnüsse
600 g Zucker
Wasser
2 Nelken
1 Zimtstange
Schale von einer unbehandelten Zitrone

Zubereitung

1. Die unreifen Nüsse waschen und mit einer Stricknadel rundherum einstechen. In einer Schüssel mit kaltem Wasser bedecken, am nächsten Tag abschütten und frisches Wasser zugießen; sechsmal wiederholen.
2. Die Nüsse in frischem Wasser kochen, bis sie weich sind.
3. Den Zucker mit 250 ml Wasser zu Sirup kochen.
4. Die abgetropften Nüsse (das Wasser aufheben!) mit den Gewürzen in einem Glas mit Sirup übergießen. Falls die Nüsse nicht völlig bedeckt sind, etwas Nusswasser zugießen. Mit einem Tuch abdecken, drei Tage stehen lassen.
5. Sirup abseihen, erneut aufkochen und über die Nüsse gießen. Nochmals drei Tage stehen lassen.
6. Sirup mit den Nüssen aufkochen, wieder ins Glas füllen. Gut verschließen, sechs Monate dunkel und kühl lagern, dann erstmals probieren. Passt zu Wildgerichten oder Käse, der Nusssirup zu Vanilleeis.

Senffrüchte

Zutaten für 3–4 Gläser à ca. 250 ml

1 kg feste, säuerliche Äpfel (oder Äpfel und Birnen im Verhältnis 2:1)
500 g Kristallzucker
2 EL gelbes Senfpulver
4 EL Weißweinessig

Zubereitung

1. Am ersten Tag Früchte schälen, vierteln und Kerngehäuse entfernen. Quer in ca. 2 cm dicke Stücke schneiden. In einer Schüssel mit Zucker behutsam, aber gründlich vermischen und mit Frischhaltefolie bedecken. Mindestens 12 Stunden ziehen lassen, sodass sich der Zucker komplett aufgelöst hat.
2. Am nächsten Tag die Fruchtstücke über einem Topf abseihen. Früchte wieder in die Schüssel geben. Die abgeseihte Flüssigkeit aufkochen, abschäumen und ca. 20 bis 30 Min. bei kleiner Hitze auf etwa die Hälfte sirupartig einkochen. Danach über die Fruchtstücke leeren.
3. Weitere 12 Stunden, am besten über Nacht, ziehen lassen. Dann wieder über einem Topf abseihen und den Sirup auf ca. die Hälfte einkochen (wird jetzt schon sehr dickflüssig und dunkelgelb bis karamellfarben).
4. Senfpulver in Essig anrühren.
5. Die Früchte im reduzierten Sirup ca. 5 Minuten weich kochen. Senf zugeben, einrühren und noch heiß in heiß ausgespülte Gläser füllen, sofort verschließen. Bei Raumtemperatur auskühlen lassen.

Tipp

Das ungewöhnliche Prozedere dient dazu, den Früchten Wasser zu entziehen. Auf diese Weise bekommen sie eine andere Konsistenz, als wenn man sie einfach (wie Kompott) kochen würde.
Man kann auch andere Früchte wie etwa Quitten oder Trauben verwenden.

Rote Rüben

Zutaten für 2 Gläser à ca. 250 ml

500 g Rote Rüben
1 Stück Krenwurzel, in feine Scheiben geschnitten
1 EL Kümmel
500 ml Weinessig, 10 g Salz

Zubereitung

1. Rote Rüben waschen und abbürsten. Von den Wurzeln darf nichts abgeschnitten werden, da sonst der rote Saft ausfließt.
2. Entweder in Salzwasser kochen oder im mäßig heißen Rohr backen. Überkühlen, Haut abziehen und abkühlen lassen.
3. Ganz oder in Scheiben geschnitten mit Kren und Kümmel in Gläser mit Schraubdeckel schlichten.
4. Den Weinessig mit Salz aufkochen, die Rüben damit bedecken und Gläser verschließen.

☞ Tipp

Rote Rüben passen gut zu Schinkenfleckerln oder Nudelaufläufen.
Beim Einlegen entwickelt sich ihr Aroma am besten, wenn man die Mischung vor dem Einfüllen im Rohr bei 80 °C ca. 1 Stunde ziehen lässt.
Man kann auch Rübengemüse in anderen Farben verwenden, zum Beispiel eine leuchtend orange oder gestreifte Sorte.

Heidelbeerschnaps von der Gosauschmiedin

Sie war seinerzeit eine berühmte Wirtin, bei ihr speiste sogar Kaiser Franz Joseph. Ob Seine Majestät im Oberösterreichischen auch Heidelbeeren für den köstlichen Likör der Gosauschmiedin gesammelt haben, ist freilich nicht überliefert.

Mit der Sänfte oder zu Fuß

Genau beim Gosauschmied, da war einmal die Straße zu Ende. Von hier ging's nur mehr zu Fuß weiter, und wer das nicht wollte, ließ sich in der Sänfte tragen. Zum Hinteren Gosausee etwa oder zur Gosaulacke, zum Grubenalmmoor oder zu einer der vielen anderen Naturschönheiten der hochromantischen Gegend, die heute als Weltkulturerbe „Hallstatt-Dachstein" im Salzkammergut bekannt ist.

Seit 1697 gibt es den Gosauschmied hier als Wirtshaus. Davor war es, wie der Name vermuten lässt, eine Schmiede. Und weil Kaiser Franz Joseph im Sommer gern von Bad Ischl aus auf einen Besuch vorbeischaute, war für ihn auch immer ein Zimmer reserviert.

Stichtag für den Schnaps

Bekannt war das geschichtsträchtige Haus auch wegen seiner guten Küche. Die handschriftlichen Aufzeichnungen der Rezepte der Gosauschmiedin hatten einen legendären Ruf. Etliche Speisen von damals gehören heute noch zum Repertoire des nach wie vor existierenden Gasthofs.

Käthe Tiefenbacher hieß sie mit Namen und war die Großtante des heutigen Besitzers. Legendär ist zum Beispiel ihr Kaiserschmarren, der schwimmend im Schmalz herausgebacken wird. Die besondere Kunst dabei ist es, die richtige Temperatur des heißen Fetts zu erwischen, damit sich der Teig nicht vollsaugt, sondern resch und knusprig auf dem Teller landet. Ganz wunderbar zum kaiserlichen Schmarren: der besagte Heidelbeerlikör. Der Sebalditag am 19. August galt dabei als wichtiger Stichtag, um den Heidelbeerschnaps anzusetzen.

Im Emailhäferl gesammelt

„Für mich sind Heidelbeeren eine Erinnerung an meine Kindheit", erzählt auch die oberösterreichische Köchin Irene Weinfurter. Als Kind war sie mit ihrer Oma den ganzen Sommer über im Wald unterwegs, um Heidelbeeren, Himbeeren oder Walderdbeeren zu sammeln. „Da hab ich ein Emailhäferl um den Bauch gebunden gekriegt und bin los – und ich kann mich genau daran erinnern, wie ich mir gedacht hab: Das wird ja nie voll!"

Heute fährt sie zum Heidelbeersammeln in den Naturpark Tannermoor im nördlichen Mühlviertel. Mit ihrem Großneffen und ohne Emailhäferl. Gesammelt und verarbeitet werden die Beeren wie zu Omas Zeiten: per Hand und im Dampfentsafter. Weinfurters Tipp für alle Heidelbeer-Mehlspeisen: Besonders gut passt Zimt dazu.

Zutaten für ca. 1,7 Liter

250 ml Wasser
250 g Zucker
8 Gewürznelken
½ Stange Zimt
Schale von 1 Zitrone
1 l Heidelbeersaft
250 ml Weingeist

Zubereitung

1. Wasser mit Zucker und Gewürzen aufkochen, den Heidelbeersaft dazumischen und 5 Minuten mitkochen.
2. Nach dem Auskühlen den Weingeist beimengen und den Schnaps in Flaschen abfüllen. Vor dem Genuss mindestens drei Wochen reifen lassen.

Tipp

Wer den Saft selbst herstellen will: Heidelbeeren im Dampfentsafter ca. im Verhältnis 4:1 mit Zucker mischen und entsaften.
Wilde Heidelbeeren sollten schnell verarbeitet werden, da sie sehr empfindlich sind. Kulturheidelbeeren sind größer und robuster, aber nicht so aromatisch.

Zucchini in Verjus

Gut zu wissen

Verjus ist ein altes Würzmittel, das im Gegensatz zu Essig keine Spur von Alkohol enthält und frei von Histaminen ist. Er wird aus unreifen Weintrauben gepresst, die noch viel Säure enthalten. Man kann ihn auch für Salatmarinaden einsetzen und überall dort, wo ein Spritzer Essig oder Zitronensaft zum Abschmecken guttut: im Gulasch, im Beuscherl oder in der Kürbissuppe.

Er ist etwas milder als Essig, beim Einlegen bleibt der Eigengeschmack der Gemüse sehr gut erhalten. Auch Obst (etwa Zwetschken oder Ringlotten) lässt sich in Verjus konservieren: 250 ml Verjus mit ebenso viel Wasser verdünnen, 5 EL Zucker einmischen, über das in Gläser geschlichtete Obst leeren und die verschlossenen Gläser sterilisieren.

Zutaten für 4 Gläser à 250 ml

900 g Zucchini
1 entkernter roter Paprika
2 kleine Zwiebeln
250 ml Verjus
50 g Zucker
20 g Salz
½ EL Senfkörner
½ EL gehackte Dille
1 Msp. Kurkuma
1 Msp. Nelkenpulver

Zubereitung

1. Zucchini, Paprika und Zwiebeln blättrig schneiden. Verjus mit den Gewürzen in einen Topf geben, aufkochen und das Gemüse zugeben.
2. 10 Minuten kochen lassen und noch sehr heiß in gut ausgespülte Gläser füllen. Sofort verschließen und vor dem Genuss noch ein paar Tage kühlen.

Tipp

Bei Ringlotten oder Zwetschken vor dem Einlegen die Haut öfter mit einer Nadel einstechen.
Passt gut als Beilage zu kaltem Fleisch, Käse, zur Brettljause oder als Salat zum warmen (Schweins-)Braten.

Russenkraut

Zutaten für 4 Gläser à 400 ml

1,5 kg Weißkraut
500 g Zwiebeln
500 g Gurken
5 Paradeiser
5 grüne Paprika
5 rote Paprika
150 g Salz
1 l Weinessig
1 TL Zucker

Zubereitung

1. Kraut und Zwiebeln feinnudelig schneiden, Gurken, Paprika und Paradeiser ebenfalls in Streifen schneiden.
2. In einer großen Schüssel gut durchmischen und mit Salz vermischen. Über Nacht stehen lassen.
3. Am nächsten Tag in einem Sieb gut ausdrücken, der Saft soll abfließen können.
4. In Gläser füllen. Essig bis zum Siedepunkt erhitzen, zuckern und über das Gemüse gießen, bis die Gläser voll sind. Sofort verschließen und ein paar Tage durchziehen lassen.

Tipp

Passt gut als Salat zum faschierten Braten, klassisch beim Heringsschmaus oder beim deftigen Neujahrsfrühstück.

Marmelade aus grünen Paradeisern

Was tun mit Paradeisern, die nicht (mehr) richtig rot und reif werden? Einkochen zum Beispiel, so wie bei diesem alten Rezept aus dem oberösterreichischen Traunviertel.

Kurze Paradeiser-Sommer

Das Elternhaus von Gertrud Ferstl stand in Roßleithen im oberösterreichischen Bezirk Kirchdorf an der Krems. Ihr Vater arbeitete in Vorderstoder als Holzknecht, ihre Mutter schupfte Haushalt und Kinder. Mit Nahrungsmitteln versorgte man sich großteils selbst. Es gab zwei Kühe, Schweine und einen Bauerngarten.

Auch die Tomaten wurden Jahr für Jahr selbst gezogen – aus den sorgfältig aufbewahrten Kernen der Vorjahresernte. Ins Freie aussetzen konnte man die Pflänzchen allerdings immer erst spät. Denn hier im Schatten des Toten Gebirges in der Region Pyhrn-Priel kann es auch noch rau zugehen, wenn anderswo schon die Frühlingssonne wärmend lacht. Reif wurden die Tomaten oft erst ab August oder gar im September. „Und dann", sagt Gertrud Ferstl, „kann's bei uns auch schon bald wieder kalt werden." So blieben oft grüne Früchte am Stock und schafften es durch Höhenlage und fehlendes Sonnenlicht nicht, vollständig auszureifen.

Eingekocht & eingelegt

Später, als Gertrud Ferstl schon verheiratet war und im Elternhaus ihres Mannes in Spital am Pyhrn lebte, hat sie von ihrer Schwiegermutter ein ganz besonderes Kochrezept bekommen und übernommen: eine Marmelade aus grün gebliebenen Paradeisern. „Meine Schwiegermutter war eine ausgezeichnete Köchin, und ich hab viel von ihr gelernt", erzählt Gertrud Ferstl. Auch sauer eingelegt wurden die grünen oder leicht gelblichen Tomaten zuweilen mit Kraut und Paprika.

Vom Solaningehalt grüner Paradeiser war damals übrigens so gut wie nichts bekannt. Dieser Inhaltsstoff ist in den unreifen Früchten enthalten und wird im Zuge des natürlichen Reifeprozesses abgebaut. In großen Mengen wirkt er giftig, bis zu 20 mg auf 100 g gelten als unbedenklich. Eine Portion Marmelade von etwa 30 g enthält nur rund 6 mg Solanin.

Süße Fülle

Verwendet wurden die eingekochten grünen Paradeiser wie jede andere Marmelade. „Wir haben sie zum Frühstück gegessen, manchmal wurden auch Kuchen damit gefüllt." So gab es etwa Blechkuchen, die nach dem Backen in der Hälfte auseinandergeschnitten, mit der Paradeiser-Marmelade bestrichen und wieder zusammengesetzt wurden. Und wie schmeckt sie? „Ganz ähnlich wie Stachelbeeren", sagt Gertrud Ferstl, die bis heute damit geschmacklich experimentiert. „Ich hab sie auch schon zu gegrilltem Fleisch versucht – wunderbar!"

Zutaten für 4–6 Gläser à ca. 200 ml

1 kg grüne Tomaten (sollten mehr als 2 cm Durchmesser haben)
1 kg Gelierzucker 1:1
etwas Ingwer
abgeriebene Schale von 1 Zitrone oder Orange
1 Vanilleschote

Zubereitung

1. Die Tomaten mit etwas Wasser weich dünsten und passieren.
2. Mit Gelierzucker, Ingwer, Zitrusschalen und Vanilleschote etwa 4 bis 6 Minuten sprudelnd kochen.
3. Noch heiß in Schraubgläser füllen und gut verschließen.

Tipp

Die Konsistenz der Marmelade kann je nach Vorliebe und Geschmack variieren: von größeren Fruchtstücken über fein passiert bis zu geleeartig.

Pikante Paprikamarmelade

Zutaten für 3 Gläser à ca. 250 ml

500 g reife rote Paprika (am besten Spitzpaprika)
1 aromatischer, säuerlicher Apfel
150 g Kristallzucker
100 ml Apfelessig
½ TL Salz
1 Prise Pimentpulver
Chilipulver nach Geschmack

Zubereitung

1. Paprika vierteln. Von Stielansatz, Kerngehäuse und Scheidewänden befreien, fein würfeln. Apfel schälen, entkernen und ebenfalls fein würfeln.
2. Beides in einem großen Kochtopf mit Zucker, Apfelessig, Salz, Piment- und Chilipulver vermischen und mindestens 2 Stunden ziehen lassen.
3. Mit dem Mixstab pürieren, sodass noch kleine Stücke sichtbar sind. Aufkochen und bei mittlerer Hitze 15 Minuten weich kochen. Dann nochmals pürieren.
4. Vorsichtig mit Chili würzen, nochmals aufkochen und heiß in sterilisierte Gläser füllen. Sofort verschließen und die Gläser für 10 Minuten auf den Kopf stellen. Dann umdrehen und bei Zimmertemperatur auskühlen lassen. Mindestens 14 Tage, am besten aber 1 Monat lang reifen lassen.

Tipp

Passt besonders gut zu würzigem Schaf- oder Ziegenkäse, aber auch zu Frischkäse. Als Dip zu Gemüse, Gegrilltem und Bratwürsten, zum Abschmecken von Saucen. Für Sandwiches und dünn auf dem Frühstückstoast zu pikanten Eiergerichten.

Kräuterlikör

Zutaten für 4 Flaschen à 500 ml

je 1 Bund Pfefferminze, Thymian, Majoran, Petersilie und Basilikum
½ Bund Salbei
1 l Weingeist
abgeriebene Schale von 1 Zitrone
1 Stück Ingwer (2 cm), in Scheiben geschnitten
500 g Rohrzucker
500 ml Wasser

Zubereitung

1. Kräuter waschen, trocken schleudern und in einem großen Einmachglas mit dem Weingeist übergießen. 3 bis 4 Wochen verschlossen ziehen lassen.
2. Am letzten Tag noch die abgeriebene Zitronenschale und den Ingwer dazugeben.
3. Den Zucker im Wasser auflösen und einmal aufkochen. Auf Zimmertemperatur abkühlen lassen und zum Ansatz gießen.
4. Die Flüssigkeit durch ein Tuch oder einen Kaffeefilter abseihen und in Flaschen füllen. Etwa 4 Monate nachreifen lassen.

Melissengeist ohne Zucker

Zutaten für 4 Flaschen à 250 ml

1 l Weingeist
20 g frische Melissenblätter
etwas gemahlene Angelikawurzel
abgeriebene Schale von ½ Zitrone
1 TL zerstoßene Koriandersamen
½ TL Zimtpulver
1 Msp. Nelkenpulver

Zubereitung

1. Alle Zutaten mit dem Alkohol vermischen und in einem verschließbaren Glas ansetzen. 14 Tage ziehen lassen, Flüssigkeit täglich aufschütteln.
2. Dann den Melissengeist durch einen Kaffeefilter abseihen und in Flaschen füllen.

Tipp

Die Zitronenmelisse wird auch Herztrost genannt. Sie wirkt beruhigend und ausgleichend. Frische gequetschte Blätter kühlen und können helfen, Schmerzen, etwa bei einem Bienen- oder Wespenstich, zu mildern.
Melissenansatz ist ein sehr altes Hausmittel. Verwendet wird er zur Stärkung und Beruhigung der Nerven, vorbeugend in der Erkältungszeit oder auch gegen leichte Depressionen: Man nimmt einige Tropfen auf etwas Zucker oder ein Löfferl davon im Tee ein.

Zistersdorfer Salzgurken

Zutaten für ein 5-Liter-Glas

3 kg feste Gurken (ca. 10 cm lang)
1 Handvoll Dillkraut
3 Stück „Ostuzads" (das sind die Reb-Triebe aus dem Weingarten)
1 Scheibe Brot
3 Weichselblätter
3 dünne Scheiben Krenwurzel
2 l Wasser
2 EL Tafel- oder Weinessig
100 g Salz

Zubereitung

1. Gurken waschen und trocknen. Dillkraut und Reb-Triebe in zwei Finger breite Stücke schneiden.
2. Brotscheibe in das ausgewaschene Glas legen. Dillkraut, Weichselblätter, Kren und Reb-Triebe drauflegen. Gurken aufrecht ins Glas schlichten. Wasser, Essig und Salz mischen und über die Gurken gießen.
3. Zwei Tage in der Sonne stehen lassen, dann eine Woche kühl und dunkel reifen lassen. Nach zehn Tagen sind die Salzgurken fertig.

Kandierte Zitrusschalen

Zum Naschen, zum Kaffee, zum Tee oder klein gehackt für Kuchen und Weihnachtsstollen: Selbst gemachte kandierte Schalen von Orangen oder Zitronen schmecken unübertrefflich. Den Sirup vom Einkochen unbedingt aufheben, er eignet sich ausgezeichnet zum Süßen.

Zutaten für ca. 4 Handvoll

10–12 unbehandelte Zitrusfrüchte (z. B. Zitronen, Blutorangen)
1 kg Kristallzucker
600 ml Wasser
Kristallzucker zum Wälzen

☞ Tipp

Die Schalen schmecken selbst nach Monaten noch stark aromatisch und sind in einem Glas oder einer Dose gut eine Saison haltbar.
Die fertig kandierten und gewälzten Schalen kann man nach Wunsch noch zur Hälfte in geschmolzene Bitterkuvertüre tauchen.
Dünnschalige, kaum oder gar nicht bittere Früchte wie Meyer-Zitronen höchstens zweimal blanchieren, sonst werden sie zu weich.

Zubereitung

1. Am ersten Tag Zitrusfrüchte halbieren und auspressen. Den Saft für andere Zwecke, zum Beispiel für Blutorangengelee, verwenden.
2. Die Zitrushälften in einem Topf gut mit kaltem Wasser bedecken und aufkochen. 10 Min. kochen lassen, abgießen und den Vorgang noch zweimal wiederholen. Beim dritten Mal so lange kochen, bis sich die Fruchtschalen leicht mit einer Messerspitze einstechen lassen. Das kann 10 bis 20 Min. dauern.
3. Die Zitrushälften in einem Durchschlagsieb abtropfen und abkühlen lassen. Das restliche Fruchtfleisch und die faserige weiße Albedo aus den Früchten kratzen. Es soll etwas Albedo an den Schalen bleiben, sonst werden sie nach dem Kandieren zu hart. Die Fruchthälften (ohne Stielansatz) in Dreiecke oder bis zu 0,5 cm breite Streifen schneiden.
4. Kristallzucker in Wasser auflösen, langsam aufkochen, 1 Minute kochen lassen. Zitrusstreifen und -dreiecke in den Sirup einlegen und einmal umrühren, damit die Stücke nicht zusammenkleben. Bei kleinster Hitze so lange leise offen köcheln lassen, bis die Stücke leicht durchscheinend wirken. Der Sirup wird dabei immer weniger, sollte aber die Früchte noch knapp bedecken. Das kann je nach Dicke der Schalen 45 bis 60 Min. oder länger dauern. Am besten gar nicht oder nur so wenig wie möglich umrühren.
5. Abtropf- oder Glasiergitter auf Blechen, einen Schaumlöffel und eine Zange bereithalten.
6. Wenn die Früchte das richtige Stadium erreicht haben und der Sirup ca. 105 °C hat, die Schalenstücke mit dem Schaumlöffel herausheben, abtropfen lassen und auf das Gitter schütten. Dort mit der Zange rasch nebeneinander verteilen, die Stücke sollen einander nicht berühren.
7. Kandierte Schalen über Nacht auskühlen und trocknen lassen. Sie sollten sich am nächsten Tag trocken und etwas fester anfühlen und kaum mehr klebrig sein.
8. Am zweiten Tag die Zitrusschalen mit den Händen behutsam, aber gründlich in Kristallzucker wälzen. Mithilfe eines Siebs überschüssigen Zucker entfernen und die kandierten Schalen in gut verschließbaren Behältern, im Idealfall aus Glas (geruchsneutral), kühl aufbewahren.

Hollerblüten-Essig

Zutaten für 2 Flaschen à 250 ml

7 Hollerblütendolden
500 ml weißer Balsamico
(Säuregehalt ca. 5 %)

Zubereitung

1. Hollerblütendolden von den grünen Stängeln befreien. Dafür die großen Dolden mit einer Schere direkt über einem 1-Liter-Rexglas in viele kleine schneiden. Mit dem Essig aufgießen und gut schütteln.
2. Hollerblüten-Essig mindestens 1 Woche bei Raumtemperatur ziehen lassen, währenddessen mehrmals schütteln.
3. Der Essig soll nun bis zu 6 Wochen im Dunkeln und eher kühl stehen bleiben.
4. Dann den Essig durch ein Tuch in saubere Flaschen seihen und verschließen. Passt zu allen Salaten (besonders zu Blattsalaten), zu Fisch und eignet sich gut für Saucen.

Tipp

Statt weißem Balsamico kann auch Weißweinessig verwendet werden, der Essig schmeckt dann etwas schärfer und weniger fruchtig.

Will man das Blütenaroma stärker zur Geltung bringen, kann man den Essig auf den halben Säuregehalt verdünnen (also 250 ml Essig, 250 ml Wasser). Nachteil: Die Haltbarkeit wird dadurch verringert und der Hollerblüten-Essig muss dann kühl gelagert werden.

Hollerröster mit Zwetschken

Zutaten für ca. 6 Gläser à 300 ml

1 kg gerebelte Hollerbeeren
500 g halbierte, entsteinte Zwetschken
300 g Gelierzucker 2:1
1 Vanilleschote
1 Zimtstange
2 Gewürznelken
breite Zesten von ½ Bio-Zitrone
50 ml (ca. 4 EL) Zitronensaft

Zubereitung

1. Hollerbeeren sorgfältig verlesen: grüne Beeren und Stängel ausklauben. Hollerbeeren gründlich waschen.
2. Zwetschkenhälften längs vierteln, dann in kleine Stücke schneiden. Vanilleschote längs halbieren und das Mark auskratzen.
3. Alle Zutaten (Vanilleschotenhälften samt Mark) in einem Topf gut vermischen. Langsam einmal aufkochen und 5 Minuten kochen lassen. Mit Zucker und Zitronensaft abschmecken, dann Vanilleschote, Zimtstange und Zesten entfernen.
4. Heiß in heiß ausgespülte Rexgläser füllen, sofort verschließen und bei Zimmertemperatur auskühlen lassen.

Passt zu Grießschmarren, Kaiserschmarren, Topfenknödeln, Topfencreme, Vanilleeis – oder ganz einfach so zum Naschen.

Anhang

Alle Rezepte im Überblick
Kulinarisches Wörterbuch
Zur Autorin

Alle Rezepte im Überblick

Kulinarisches Wörterbuch

Die Rezepte in diesem Buch stammen aus den österreichischen Servus-Magazinen und ihren deutschen Schwester-Magazinen. Die Angaben jedes Gerichts wurden jeweils in der Lokalsprache der Regionen belassen – von Kärnten bis Franken und vom Burgenland bis Niederbayern.

Hier finden Sie Erklärungen zu einzelnen regional gebräuchlichen Begriffen.

Abseihen durch ein Auffangsieb gießen
Almrahm in Almsennereien hergestellter → Sauerrahm

Birnenschnitz, Apfelschnitz getrocknete, geviertelte Birnen, Stücke von getrockneten Apfelringen
Birntalggn in Kärnten gebräuchliches Mehl aus sehr lange getrockneten → Kletzen
Braunschweiger Brühwurst aus Schweine- und Rindfleisch (in Wien auch „Dürre")
Brösel Krümel
Bröseltopfen Speisequark mit besonders geringem Wassergehalt
Bruckfleisch Rindfleisch, das früher nur direkt im Schlachthof abgegeben wurde. Dazu gehören Kronfleisch (von der Innenseite der Rippen), Frack (Teil der Brust), Stichfleisch, Herz, Lunge, Leber, Bries und Lichteln (Herzröhren, Aorta).

Dampfl Vorteig für einen Hefeteig
Dörrzwetschke Trockenpflaume, Backpflaume

Eidotter/Dotter Eigelb
Eiklar Eiweiß
Einbrenn, Einbrenne Mehlschwitze
Erdäpfel Kartoffeln
Erdäpfel, mehlige weiche Kartoffeln mit sehr hohem Stärkegehalt für Stampfkartoffeln, Pürees oder Klöße
Erdäpfel, speckige festkochende Kartoffeln mit geringerem Stärkegehalt für Salate oder zum Braten
Essiggurkerl kleine Gewürzgurken oder Cornichons
Extrawurst österreichische Brühwurstsorte aus Rind- und Schweinefleisch und Speck

Faschiertes Hackfleisch
Fisolen grüne Bohnen
Fleckerln kleine quadratische oder rautenförmige Teigwaren aus dünnem Nudelteig
Fleischhauer Metzger

Gelbe Rüben Karotten
Germ Hefe
Geselchtes Rauchfleisch
Grammeln Grieben
Gugelhupf Napfkuchen

Häuptelsalat/grüner Salat Kopfsalat

Keferfil Kerbel
Kipferl Hörnchen
Kletzen gedörrte Birnen
Knödelbrot Semmelwürfel
Knödelhilfe Antioxidationsmittel, das bewirkt, dass rohe Kartoffeln nicht braun werden
Krauthappel Weißkohlkopf
Kren Meerrettich

Langsemmel in der Mitte geteiltes Kleingebäck

Marille Aprikose
Marillenmarmelade Aprikosenkonfitüre
Mehl, glattes österreichische Bezeichnung für die Korngröße des Mehls, sehr feinkörniges Mehl (z. B. für Kuchen oder Strudelteig)
Mehl, griffiges österreichische Bezeichnung für die Korngröße des Mehls, etwas gröberes Mehl (z. B. für Nockerln oder Knödel)

Meisel, fettes zum Sieden geeignetes Rindfleisch, entspricht in etwa der Querrippe
Milchbrötchen leicht süßes Kleingebäck aus Germteig

Obers Schlagsahne
Orangeat kandierte Orangenschalen

Paradeiser Tomate
Pfefferoni meist scharfe längliche Paprikasorte
Polenta Maisgrieß
Powidl Pflaumenmus

Ribiseln Johannisbeeren
Ribiselmarmelade Johannisbeerkonfitüre
Riebel/Riebelmais Maisgrieß aus traditioneller Vorarlberger Maissorte
Rote Rüben Rote Bete
Ruim-Granl grüne Triebe der → Wasserrübe

Sauerrahm saure Sahne
Schlagobers/Schlagrahm Schlagsahne
Schöpfer Schöpfkelle
Schwammerl Speisepilze
Schwarzbeeren Heidelbeeren oder Blaubeeren
(Schweins-)Beuschel klassisches österreichisches Innereien-Ragout; in Bayern Lüngerl
Schweinsnetz Fettnetz
Selchspeck geräucherter Speck
Semmel Brötchen
Semmelbrösel Paniermehl
Serviettenknödel Rolle aus Weißbrot und Ei, die gekocht und in Scheiben geschnitten wird
Stangenbohnen/Buschbohnen; auch: Gartenbohnen Fisolen, in Kärnten: Strankalan
Staubzucker Puderzucker
Striezel zopfförmig geflochtenes Hefeteiggebäck

Suppengrün Würzmischung aus Wurzelgemüse und Kräutern zum Kochen einer Brühe

Topfen Speisequark

Verjus auch Agrest, Saft unreifer Weintrauben, wird ähnlich wie Essig eingesetzt
Vogerlsalat Feldsalat

Wasserrüben Herbstrüben oder Weiße Rüben
Wurzelwerk → Suppengrün

Zitronat kandierte Zitronenschalen
Zwetschke Zwetschge/Pflaume
Zwiebelröhrl Lauchgrün der Winterzwiebel

ABKÜRZUNGEN

Msp. = Messerspitze
KL = Kaffeelöffel
TL = Teelöffel
EL = Esslöffel
ml = Milliliter
l = Liter

Wenn nicht anders angegeben, sind die Rezepte für 4 Personen berechnet.

Zur Autorin

Elisabeth Ruckser

Die Journalistin und Autorin Elisabeth Ruckser beschäftigt sich seit Jahren mit dem Thema hochwertige Lebensmittel. Für das Servus-Magazin verfasst sie u. a. die Beiträge „Aus Omas Kochbuch“ sowie „Gutes von daheim“. Sie sucht und besucht regelmäßig Lebensmittelhandwerker und Produzenten in ganz Österreich und darüber hinaus – stets auf der Suche nach dem Authentischen, Unverfälschten.

Seit Juni 2016 leitet sie die von ihr gegründete *Erste Waldviertler Bio-Backschule*. Sie hat mehrere Bücher verfasst, u. a. „Brot backen, wie es nur noch wenige können“ (Servus Verlag, 2015), „Das kleine Einkochbuch“ (Edition Servus, 2012) und „Das kleine Strudel- & Striezelbuch“ (Edition Servus, 2012).

Elisabeth Ruckser lebt und arbeitet in Wien und in Eibenstein im Waldviertel.